我们一起解决问题

写作三绝

新媒体写作的底层逻辑与关键技巧

羽木舒　著

人民邮电出版社

北　京

图书在版编目（ＣＩＰ）数据

写作三绝：新媒体写作的底层逻辑与关键技巧 / 羽木舒著. -- 北京：人民邮电出版社，2023.2
ISBN 978-7-115-60301-2

Ⅰ．①写… Ⅱ．①羽… Ⅲ．①新闻写作 Ⅳ．①G212.2

中国版本图书馆CIP数据核字(2022)第196001号

内 容 提 要

在写作方面，很多人都听说过"凤头、猪肚、豹尾"的说法，即开头吸引人、主体言之有物、结尾简洁有力，在撰写新媒体文章时，这种写作方法同样适用。

本书作者根据自己近 5 年来的新媒体文章写作经验和 3 年多的写作培训经验，详细介绍了新媒体文章的开头、主体和结尾的写作方法，并辅以实际的写作案例，具有较强的实操性，即使没有任何写作基础的读者，也能按照书中的步骤写出一篇标准的新媒体文章。此外，本书还详细介绍了不同类型的新媒体文章（如情感类文章、亲子类文章、职场类文章、励志类文章等）的写作技巧，对于想深耕某一新媒体写作领域的读者也有很大的帮助。

◆ 著　羽木舒
责任编辑　黄海娜
责任印制　彭志环

◆ 人民邮电出版社出版发行　　北京市丰台区成寿寺路 11 号
邮编 100164　电子邮件 315@ptpress.com.cn
网址 https://www.ptpress.com.cn
河北京平诚乾印刷有限公司印刷

◆ 开本：880×1230　1/32
印张：6.5　　　　　　　　　　2023 年 2 月第 1 版
字数：150 千字　　　　　　　2023 年 2 月河北第 1 次印刷

定　价：59.80 元
读者服务热线：（010）81055656　印装质量热线：（010）81055316
反盗版热线：（010）81055315
广告经营许可证：京东市监广登字20170147号

"现在学写作，还来得及吗？"有很多人一直这样问我们。

为什么来不及？姜淑梅 60 岁开始学习识字，75 岁开始尝试写作，76 岁出版了自己的作品集。

只要你想写作，什么时候开始都不晚。

五年前，我们第一次接触新媒体写作，用一年的时间实现了靠写作养活自己的梦想。

三年前，我们创办了写作训练营，帮助众多零基础学员拿到了不菲的稿酬。

两年前，我们出版了第一本写作工具书，有读者反馈按照书中提供的方法写出来的文章，最后真的发表了，并且拿到了稿酬。

目前，我们依然在新媒体写作领域深耕，写作的边界也在不断拓展，从各种类型的新媒体文章（包括各类商业文案），到各大短视频平台的内容文案，乃至剧本、短篇小说、长篇小说等均有涉及，这些经历让我们对写作有了新的认识和理解。

让更多的人享受写作的红利是我们写这本书的目的之一。

写新媒体文章是有方法的，不管你的基础如何，只要你愿意钻研，坚持动笔，就一定能写出好文章。至于具体的写作方法，都在这本书里。

如果你没有任何写作基础，我们建议你从头到尾仔细阅读这本书，然后按照书中提供的写作方法反复练习。

如果你有一定的写作基础，想要提升自己的写作水平，我们建议你先翻开目录，根据自己的实际情况有针对性地进行阅读和练习。

我们一直认为，写作是值得我们一生去做的事情。

我们期待在写作的世界里和你相遇。

目录 CONTENTS

第一部分

开头点题

第二部分

主体论述

第一部分

开头点题

第 一 章

写好开头

在写文章方面，很多人都听说过"凤头、猪肚、豹尾"的说法，这说明一篇文章的开头要精彩，只有这样才能吸引读者。特别是在网络时代，各种信息纷繁复杂，如果一篇文章的开头没能抓住读者的眼球，那么他们很可能就此打住不会再读下去了。因此，在写文章时，我们要在开头下足功夫，这样读者才有可能继续读下去。

一个好的开头并非仅仅写好文章的第一段那么简单，而是要整体谋划，不仅要选择爆款选题、合适的写作结构，还要起一个吸引人的标题，最好在这些都确定之后再动笔。下面我们就来看看如何写好一篇新媒体文章的开头。

解锁爆款选题策划思路

纵观所有阅读量超过 10 万的文章，它们之所以阅读量可观，大多是因为写作者有一个好的选题策划思路。对写作者而言，研究爆款选题是写好新媒体文章的前提，而策划出爆款选题则是写出爆款文章的基础。

一木曾写过一篇以"语言暴力"为主题的文章，文章发表后没多久，全网阅读量就达到千万，这篇文章至今仍被一些平台转载。

如何策划爆款选题

根据我们多年的写作和培训经验，要想策划一个爆款选题，至少要做到以下三点（见图 1.1）。

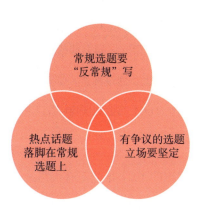

图 1.1　如何策划爆款选题

常规选题要"反常规"写

什么是常规选题？例如，二孩、婆媳关系、同理心、"熊孩子"、人品、内卷、内耗、情绪、压力、加班等这些当下人们经常谈及的话题就属于常规选题。

当你发现一些与常规选题相关的素材时，应列出与之相关的至少 10 个可写的角度，对照这些角度在网上搜索相应的文章，看看哪些文章的阅读量达到 10 万以上。通过筛选，那些没有被写过的角度和阅读量经常出现超过 10 万以上的选题便可以纳入我们的选题库。

如果你发现自己列出的 10 个角度都有人写过，那么你可以再列 10 个可写的角度。作为写作者，这项工作一定要做，哪怕需要花费几天时间去分析和筛选。当我们所写的文章被全网转发和引用时，就会觉得这种付出是值得的。

很多文章的主题都中规中矩、人云亦云，导致读者产生了阅读疲劳。因此，在写文章的时候，针对常规选题我们要从反常规的角度写。

例如，当一些微信公众号发布以"辅导孩子写作业很难""父母教育方式不得当"等为主题的文章且文章都以消极的态度为主时，有一个微信公众号用诙谐的方式表达了家长在辅导孩子写作业时的生气和无奈，化严肃、沉闷为轻松、幽默，于无形中缓解了家长的压力。

热点话题落脚在常规选题上

热点话题往往来自当下发生的重大社会事件，当写作者围绕热点话题和事件表达自己的观点与立场时，要落脚在常规选题上，如果没有常规选题作支撑，以热点话题和事件为主要内容的文章往往会变成新闻稿。

有争议的选题立场要坚定

有些选题具有争议性，对很多写作者来说写这类选题是一个挑战。写好这类选题的前提是不管选题的争议性有多大，写作者都要有自己的观点。我们只有坚信自己的观点，才有可能说服和打动读者。

如何寻找爆款选题

同样是写新媒体文章，为何有些人写出来的文章经常成为爆款文章，而有些人绞尽脑汁也写不出一篇标准的新媒体文章呢？原因之一是文章的选题很重要。对此，在寻找选题时，我们可以从以下三个方面入手（见图 1.2）。

| 网络平台上的热门话题 | 身边发生的事情 | 制造爆款选题 |

图 1.2　如何寻找爆款选题

网络平台上的热门话题

新浪微博、知乎、今日头条、豆瓣等平台是热门话题的诞生地。很多爆款话题和事件一般先出现在微博上，尤其是微博热搜，其中有很多可以写的话题和事件。例如，有一个孩子在家里上网课，他背着书包从卧室走到书房里的视频上了热搜。以这个热搜为例，我们可以从中挖掘很多可写的选题：

- 学习中的仪式感；
- 父母的态度对孩子的影响；
- 孩子，我为什么一定要你好好学习；
- 学习是父母和孩子一起合作的过程；
- 家庭教育决定孩子的起跑线。

如果你想写出爆款文章，可以经常浏览新浪微博、知乎、今日头条、豆瓣等平台上的信息。现在，从一些短视频中也能找到很多可写的选题，如辅导孩子写作业、替子女征婚等。

身边发生的事情

写作源于生活，但要高于生活。我们身边发生的很多事情都可以成为写作时的选题和素材来源。

很多人都见过这样的场景：妈妈着急走，孩子磨磨蹭蹭地跟在后面，妈妈边走边对孩子吼道："快点儿！你不走，妈妈走了。"如果我们仔细分析这件小事，就可以从中挖掘出以下选题：

- 孩子磨蹭怎么办；
- 父母吼孩子对孩子的危害有多大；
- 父母的不当行为对孩子安全感的影响；
- 不懂得控制情绪的父母对孩子的影响；
- 父母的言语威胁对孩子人格的影响；

……

制造爆款选题

很多微信公众号上的文章的选题都是整个团队的成员开会一起商议决定的。他们会不断地切换角度，反复验证策划出来的选题能否引发读者的共鸣，最后从中选择读者反响最大的选题来写文章。如果我们想策划爆款选题，可以和三五位写作好友进行选题会头脑风暴，大家发挥主观能动性，集思广益，每个人列出几个选题并进行集体投票，票数最高的可以作为当日的写作选题。

如何寻找选题的写作角度

在写文章时，我们可以从一个选题中切出几十个角度。所以，同一个选题，角度不同写法也不同。在从选题中找写作角度的时候，我们要遵循以下原则。

三观要正

写作者的三观要正，所写的文章传递出来的信息要正面、积极，不能为了博取眼球和高阅读量而夸大事实、弄虚作假。众所周知，有不少微信公众号因为夸大事实和弄虚作假被封号。所以，在写文章时，写作者的三观一定要正，这样选题或文章的内容才更容易通过，甚至成为爆款文章。

避开敏感话题

对于敏感话题，如果我们把握不好尺度，就要主动避开。写作者是思想和观点的传播者，文章一旦发表，或多或少都会对他人产生一定的影响，因此，与主流价值观相悖的内容不能写。我们身边就有一位写作者写了一篇与主流价值观不符的文章，最后这篇文章不仅被平台删除，发布这篇文章的微信公众号也受到禁言的处罚。因此，我们所写的文章一定要符合主流价值观，内容要积极向上。

要有自己的思想和格局

要想成为一名写作者，我们一定要有独立思考的能力和较为开阔的眼界。如果达不到这两点，我们写出来的观点可能就有一定的局限性、不够独特，也很难吸引读者，更难以令读者信服，甚至可能会招致一些批判。与之相反，当读者从我们的文章中看到一些独到的观点和有深度的内容时，就会被文章乃至我们这个人所吸引，文章的阅读量也会大大提升。要想做到这一点，我们一方面要定期阅读与写作定位相关的书籍并做好读书笔记；另一方面要保持阅读有深度的文章的习惯。

选题落脚在具体的点上

在写文章时，有很多选题比较笼统，比如"教育"这个选题就囊括了很多内容，如幼儿园、小学、初中、高中、大学及成人教育等。这种笼统的选题属于"面"，不适合写成一篇文章。这时我们就要分析这类选题中的具体的"点"，如幼小衔接、规则教育、挫折教育、感恩教育、生命教育等。

总之，在找选题和切写作角度的时候，我们要打开思路，同时要遵循一些原则，这样才有可能策划出爆款选题并写出爆款文章。

一学就会的列提纲秘籍

要想写好新媒体文章的开头，列一个清晰明了的大纲很重要。因为只有通过提纲勾勒出整体内容，我们才知道每一部分该写什么、怎么写，才能写出一个符合题意的好开头。可能有人会问："观点确定了，直接写就可以了，为什么还要浪费时间列提纲呢？"其实，列提纲不仅能为写好开头打下基础，而且对我们写整篇文章也有很大的帮助。如果我们在写作之前没有列提纲，很可能会遇到以下问题。

越写离题越远

如果我们把文章的主题定为 A，在写第一部分内容时还能紧扣主题；但写第二部分内容时，文章的主题慢慢变成了 B；在写最后一部分内容时，文章的主题可能又变成了 C。等我们写完再通览全文时才发现自己写跑题了，此时再进行修改的话工作量就会很大。

条理不清晰，文章逻辑混乱

如果我们没有提前列提纲，写出来的内容可能会出现前后重复、逻辑混乱、主题不鲜明、文章的可读性差等问题。而提前列提纲可以让我们的写作思路更清晰，观点论证更到位，文章的可读性更强。

增加写作的时间成本

如果我们在写作之前不列提纲，在写的时候可能就会很随意，想到哪儿就写到哪儿，这样不仅写作效率不高，而且文章的质量也很难有保障。尤其在成文后才发现文章存在巨大的漏洞，甚至需要重新写，不仅写作的时间成本大大增加，而且对写作者来说也是一个不小的打击。

所以，为了避免出现上述几种情况，在动笔之前，我们要花一些时间把文章的整体脉络构思好，列一个清晰明了的写作提纲。有了写作提纲，我们就不会在写作思路被打断时不知道接下来该如何写了。那么，如何列写作提纲呢？在列写作提纲时，我们要先明确所写文章的结构。新媒体文章一般有以下三种结构（见图1.3）。

图 1.3 新媒体文章的三种结构

拿起就会的并列式

并列式是一种比较简单且常见的文章结构，也是初学写作者容易掌握的结构。并列，顾名思义就是文章的各个要素是并列的，没有主次之分。

五种并列式结构

并列式结构主要有清单式并列、意义要素并列、危害要素并列、原因要素并列、方法并列（见图1.4）。

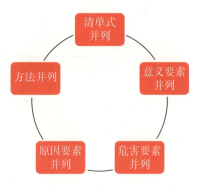

图1.4 五种并列式结构

清单式并列。顾名思义，清单式并列就是通过罗列的方式把观点呈现出来，其特点是文章的结构一目了然，便于读者阅读。例如，在一篇名为《辅食黑名单：这7种食物再有营养，也不要轻易给小宝宝吃》的文章中，作者把7种食物用清单的方式呈现出来，这种结构就是典型的清单式并列。除了对涉及的事物进行并列，我们还可以把事物的各个方面进行并列，如在《一个人不靠谱的 9 种表现，有一个就不能深交》一文中，直接罗列出了一个人 9 种不靠谱的表现。

意义要素并列。意义要素并列是指结合文章的主题，突出做某件事的作用或带来的影响。例如，在《爱哭的人，更讨人喜欢》一文中，开篇列举了一个成年人遇到一系列糟心的事，忍不住大哭起来，从而引出文章的主题"不要嘲笑爱哭的人，他们更讨人喜欢"。爱哭的人为什么更讨人喜欢呢？接下来作者就用列举的方式说明了原因：

- 爱哭的人，有更丰盈的感情；
- 爱哭的人，有更健康的心态；
- 爱哭的人，有更强大的内心。

这就是意义要素并列,它从不同的角度说明了爱哭的人为什么更讨人喜欢。

危害要素并列。与意义要素并列相对的是危害要素并列,就是突出做某件事有什么坏处。例如,在《多买玩具,白费钱还影响孩子智商:90% 的家长都不知道》一文中,写作者详细列出了玩具太多对孩子可能造成的不利影响:

- 玩具太多,影响孩子的专注力;
- 玩具太多,不利于孩子深入探索;
- 玩具太多,影响孩子的想象力;
- 玩具太多,影响孩子秩序感的建立;
- 玩具太多,孩子不懂得珍惜;
- 玩具太多,影响孩子养成良好的生活习惯。

玩具太多对孩子可能造成的不利影响是这篇文章的重点,在写清楚这些不利影响之后，我们可以简单说明给孩子买多少玩具合适。这类文章的重点是说理，旨在告诉读者他们不知道或者容易忽视的问题。

原因要素并列。原因要素并列与意义要素并列相似，就是突出不同层面的原因。原因要素并列主要适用于大家对为什么会发生某件事感到好奇之类的选题，写作者旨在通过剖析原因来阐述道理。例如，在《无论怎么吼骂，事后都能向你道歉，"懂事乖巧"背后的真实原因让人心酸》一文中，写作者就为读者列出了孩子不计前嫌、原谅父母的原因：

- 心里没有安全感，害怕父母不爱自己；
- 习惯性讨好，委曲求全；
- 已经麻木，不再在意。

方法并列。所谓方法并列，就是用罗列的方式呈现解决某个问题的措施。例如，在《人到中年，学会哄自己开心》一文中，写作者开篇直接切入主题——人生不尽如人意，与其在困境中消磨自己，不如在顺其自然中接纳自己；接着点题——人到中年，最聪明的活法是学会哄自己开心。那么如何哄自己开心呢？文章直接列出了三种方法：

- 学会接纳自己；
- 学会治愈自己；
- 学会取悦自己。

上述三种方法虽然简单，但做起来并不容易，因此作者通过案例、说理和具体的做法为读者展示了具体应该怎样做。

以上是常见的几种并列式结构，由此我们可以看出，并列式结构有以下特点：

（1）并列的要素是平等的，没有主次之分；

（2）并列的要素可以是事物、事件，也可以是方法；

（3）写作者通过并列要素阐明想要表达的观点。

并列式结构实操步骤

我们已经了解了并列式结构常见的几种形式，那么在写文章的时候该怎样运用并列式结构呢？下面是具体的实操步骤（见图1.5）。

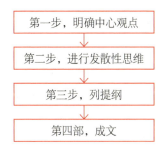

图 1.5　并列式结构实操步骤

第一步，明确中心观点。一篇文章的中心观点只有一个。中心观点就是写作者的观点，无论这个观点别人认同与否，只要写作者能举出案例和提供依据来证明自己的观点，就可以据此写出一篇文章。例如，在很多人都抱怨生活失意却不思改变的时候，有的人却不断精进、咬牙坚持，经过几年如一日的自律实现逆袭。我们由此可以得出"世界正在狠狠奖励自律的人"这一观点。

第二步，进行发散性思维。在明确了中心观点之后，我们还要根据这个观点进行发散性思维，得出文章的分论点。以"世界正在狠狠奖励自律的人"这一观点为例，我们可能会想到，为什么自律的人能够得到"世界"的奖励？因为自律的人的行为表现引发了良性循环。我们可以把这些表现分条列出来：

- 自律的人从不抱怨；
- 自律的人内心有底线；
- 自律的人从不轻言放弃；
- 自律的人能看到别人看不到的机会。

通过发散性思维，文章主体部分的主要框架就勾勒出来了。

第三步，列提纲。我们将上面的分析结果进行综合就能列出下面这样一个写作提纲。

主题：世界正在狠狠奖励自律的人。

结构：并列式。

小标题：自律的人从不抱怨；

自律的人内心有底线；

自律的人从不轻言放弃；

自律的人能看到别人看不到的机会。

第四步，成文。在列好提纲并找到合适的案例后，我们就可以开始写了。在写文章的时候，开头部分一般以一个简单的案例引出文章的主题，并用一段话对案例进行论述，之后提出文章的中心观点。在写主体部分时，由于主体内容是并列式结构，因此每一个论点的字数要相近。

引人入胜的递进式

另一种较为常见的写作结构是递进式，也就是在写文章时按照层层递进的方式进行呈现。

并列式结构和递进式结构最大的不同在于，并列式结构的侧重点是要素部分，着重说明某件事的原因、意义、危害等，旨在促使读者转变意识；递进式结构的侧重点是分析观点之后的方法部分。

三种递进式结构

递进式结构通常有以下三种形式（见图1.6）。

案例+原因+方法　　案例+危害+方法　　案例+意义+方法

图 1.6　三种递进式结构

案例 + 原因 + 方法。这种形式是围绕观点进行原因分析，然后给出解决方法。例如，在《看了最近大火的〈心居〉，才发现富养的女儿大多婚姻不幸》一文中，开篇以电视剧《心居》中的葛玥和综艺节目《下一站幸福》中某女嘉宾的种种不幸为引子，提出了一个问题："明明都是被父母捧在手心里长大的女孩，各方面条件都不错又讨人喜欢，为何在婚姻里却落到这样的结局？"

接下来，主体部分分析了造成这一问题的三大原因：一是父母拼命保护的女孩往往看不到人心险恶；二是屈嫁的女孩最容易被索取；三是眼里只有爱情的女孩可能毁在自己的盲目上。

最后，写作者给出了解决这一问题的方法：

- 给女儿的最好嫁妆不是金钱，而是眼界和格局；

- 父母再爱女儿，也要让她吃点儿苦，要培养女孩敢于说"不"。

这篇文章的写作结构属于典型的递进式：开头以案例引入问题，接着分析原因，最后给出解决方法。

案例＋危害＋方法。这种形式是围绕观点分析危害，之后给出解决办法。例如，在《聪明的人，都懂得在这件事上栽跟头》一文中，第一部分内容讲述了两个案例：一是大众对女司机有一定的偏见，其实出交通事故的大多是男司机；二是会游泳的人往往更容易溺水。通过这两个案例，写作者提出了自己的观点：小心驶得万年船，越是自己擅长的领域，越要小心。第二部分内容从个人层面说明在自己擅长的领域自以为是，最终可能会毁了自己。第三部分以一家企业为例，从集体层面说明越擅长的领域，越容易毁掉一个组织。第四部分内容则提供了解决问题的方法，也就是即使在自己擅长的领域，也不能眼高手低，要小心、小心、再小心。

这篇文章的第二部分内容和第三部分内容用不同的案例说明了人们在自己擅长的领域自以为是的危害，进而提出解决问题的方法，这也是层层递进结构的一种。

案例＋意义＋方法。这种形式是围绕观点分析意义，之后给出解决方法。例如，在《存钱，才是顶级的自律》一文中，开篇用"女白领冲动预付 30 多笔网购定金"的案例引出了文章的主题：能够坚持存钱，才是一个成年人的顶级自律。接下来，写作者在正文部分阐述了存钱的意义：

- 存钱，是给未来存底气；
- 存钱，就是给自己存退路。

最后，写作者就如何科学地存钱给出了以下建议：

- 试试固定百分比存款法；

- 警惕"破窗效应"；

- 学会开源式储蓄。

以上就是递进式结构的三种形式。需要注意的是，有时候递进式结构中的原因、意义、危害并不是单独存在的，有些文章可能会包含两种要素，如"案例＋原因＋意义＋方法"或者"案例＋原因＋危害＋方法"等。对初学写作者来说，可以先掌握上述三种比较简单的结构，等熟悉之后再练习难度较大的复杂结构。此外，方法有时候并不需分条列出，有的写作者会在分析之后直接用几个故事阐述方法，让读者学习故事里主人公的做法。尽管写作者没有分条列出，但这部分也是方法，只不过是通过故事的形式来呈现的。

递进式结构实操步骤

我们已经了解了递进式结构常见的几种形式，那么在写文章的时候，该怎样运用递进式结构呢？下面是具体的实操步骤（见图1.7）。

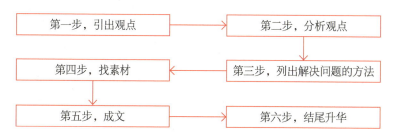

图 1.7　递进式结构实操步骤

第一步，引出观点。在写新媒体文章的时候，写作者经常从某个案例或故事引出自己的观点。例如，我们在网上看到一对夫妻在高速公路上吵架上了热搜，原来吵完架后一人将另一人赶下车并开车扬长而去，而被赶下车的一方选择报警。从这个案例中我们可以得出这样一个观点：这对夫妻不懂得控制自己的情绪。有的人会认为这没什么大不了的，但在婚姻中，如果夫妻双方不懂得控制情绪，可能就会导致很严重的后果，因此我们可以写一篇关于婚姻中夫妻双方不懂得控制情绪所带来的危害的文章。

第二步，分析观点。接下来，我们要根据素材进行全方位的分析，思考不同要素的不同方面产生的影响。例如，在上述案例中，我们可以从各个角度剖析夫妻不懂得控制自己情绪的后果，如夫妻越走越远、造成无法挽回的悲剧、成为孩子童年时期的噩梦等。

第三步，给出解决问题的方法。经过一番分析之后，我们就可以给出解决问题的方法了。就上述案例而言，我们可以给出控制情绪的方法。在给出解决方法的时候要注意应简单有效。

第四步，找素材。然后我们按照分析出来的观点查找相应的素材。例如，根据上述案例中提出的三点危害和方法进行素材查找，每个危害找 2 ~ 3 个素材，每个方法找 1 个素材，这些素材可以是电影、电视剧、图书、热点事件等，素材要尽量多样化。

第五步，成文。此时我们便可以根据找到的素材形成一篇文章。文章开篇根据热点素材引出中心观点，如"若想毁掉幸福婚姻，就让情绪操控它"；主体部分则围绕不懂控制情绪的三点危害拟定分论点，并将搜集到的素材以故事的形式放在相应的分论点下面，每一个故事都需要围绕分论点进行论述并加上金句，以进一步论证观点。针对方法部分，我们可以在拟定分论点后采用"一句话概括 + 案例 + 做法概述"的方式充实观点。

第六步，结尾升华。一般而言，方法部分不能作为一篇文章的结尾，写完方法之后，我们还需用"故事 + 金句"的形式写一个总结性的结尾，故事数量以 1 ~ 2 个为宜。

独一无二的对比式

在写文章时，当我们要表达一个观点的时候，如果单纯地论述这个观点，可能不能令人信服，我们需要在不同维度上进行论证和对比，从而有力地证明自己的观点。这时就需要用到对比式结构。

三种对比式结构

根据对比的属性，我们将对比式结构划分为纵向对比、横向对比、正反对比（见图1.8）。

图 1.8　三种对比式结构

纵向对比。这种结构就是通过分析同一事物或对象在不同时期的不同表现，从而得出结论。例如，《二十岁的女人活长相，三十岁的女人活心情，四十岁的女人活……》一文开篇紧扣主题，进行简单分析之后便提出中心观点："做一个优秀的女人，就要走好人生的每一程，过好每个年龄段的自己"。第二部分则讲述了不同年龄阶段的女性如何活好自己：

- 二十岁的女人，活长相；
- 三十岁的女人，活心情；
- 四十岁的女人，活修身。

横向对比。这种结构就是对同一时间段的不同人物或不同事物进行对比。例如，如果我们想以《月薪 5000 与月薪 5 万的人生，到底差距在哪里》为题写一篇文章，那么就可以采用横向对比。又如，在《"爱哭娃"和"坚强娃"，长大后人生差距大吗？老教师：不止一点》一文中，写作者就通过对比这两类孩子在不同方面的表现，从而得出如下结论：

- 他们有不一样的"情绪感知"能力；
- 他们有不一样的"情绪掌控"能力；
- 他们有不一样的情商水平。

通过对比，可以让读者知道爱哭的孩子更容易共情，更会调节情绪，情商也会更高。

正反对比。正反对比是从正、反两个方面阐述一种观念、现象等，这种结构通常有两种形式：论点＋正面＋反面＋总结升华或方法，案例＋错误示范＋正确做法。

"论点＋正面＋反面＋总结升华或方法"就是通过对论点的正、反两个方面进行论述，从而达到论证观点的目的。以《杨天真一句话戳痛无数人：不懂拒绝，是人生最大的灾难》一文为例，文章开篇用杨天真的案例引出这样一个观点：不懂拒绝，是人生最大的灾难；正文部分则通过一反一正两个方面进行论证：

- 不懂拒绝，会慢慢地拖垮你（反面）；
- 干脆地拒绝，是最好的社交规则（正面）。

我们从字面上看便知道，"案例 + 错误示范 + 正确做法"的结构是开篇先用案例引出观点，第二部分则分别列出了错误示范，第三部分则给出了正确的做法。例如，舒允在《会说"不"的妈妈，能带出有原则的孩子》一文中，第一部分用一个热点事件引出观点，即父母拒绝孩子需要智慧；第二部分则列举了错误的拒绝方式；第三部分则给出了正确的拒绝方式；最后一部分则补充说明了哪些情况该拒绝、哪些情况该及时回应。

对比式结构实操步骤

我们已经了解了对比式结构的三种具体形式，那么在写作时该怎样运用对比式结构呢？下面是具体的实操步骤（见图1.9）。

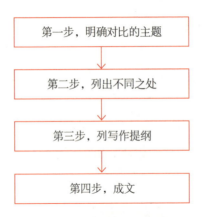

图 1.9　对比式结构实操步骤

第一步，明确对比的主题。 对比类文章需要先明确需要对比的主题，通过对比，可以让文章更有深度。例如，我们想比较"80后"和"90后"的区别，但这二者的区别太多了，对此我们需要进一步聚焦，如他们的育儿观、婚姻观、消费观等，可以从中选择一个大家都感兴趣的方面进行对比。

第二步，列出不同之处。在明确了需要对比的方面之后，我们就要展开详细的对比，找出二者之间的区别。例如，如果以《月薪5000和月薪5万的工作，到底有什么区别》为标题写一篇文章，我们就要结合这两种薪资的工作特点、工作难度、工作的可替代性、工作带来的压力、工作强度等进行对比。由于月薪5000元的人占多数，所以很多读者会自动对号入座，看一看自己和高薪者的差距在哪里。

第三步，列写作提纲。在明确了主题的不同之处后，我们就可以根据中心观点和要对比的方面列写作提纲。例如，我们要对不同的婚姻进行对比，可以先对婚姻进行分级，通过对比突出我们的观点。在明确了文章的中心观点和找出婚姻的不同层级后，这篇文章的提纲就可以像下面这样。

结构：对比式。

中心观点：婚姻的三重境界，你处在哪一层。

小标题：一见钟情的婚姻，是一场赌注；

　　　　　逐利结合的婚姻，是一笔交易；

　　　　　双向奔赴的婚姻，是一场嘉年华。

第四步，成文。在列好文章的提纲之后，我们就可以开始写了。开篇要直奔主题，我们可以用案例、调查研究或者有哲理的话进行开篇。主体部分则要根据分论点用案例突出要对比的方面。

在掌握了并列式、递进式和对比式三种写作结构后，我们不仅对整篇文章的结构有大致的了解，并且在写的过程也会更有信心。俗话说："磨刀不误砍柴工"，在写文章时，要想写好开头，不能忽略上述关键环节，打好基础才能水到渠成。

文章的标题到底有多重要

在写文章时，除了结构会影响开头的质量，文章的标题也对开头有一定的影响，一个好的标题能够起到画龙点睛的作用，不仅能第一时间吸引读者，还能为写作者撰写开头打下基础。但一些初学写作者认为，写文章要靠内容取胜，因此标题并不重要，文章的质量才最重要。

的确，对一篇文章来说，内容才是最主要的，内容的好坏直接决定了文章的阅读量和转发率。但是，即使一篇文章的内容再好，如果标题起得不好，阅读量和转发率也会大打折扣。因为现在人们每天会接触很多信息，浏览文章的时间越来越短。文章的标题是大家第一眼看到的内容，如果标题不吸引人，就很少有人愿意点开阅读，即使开头和主体的内容写得再好也无济于事。

主题相同的文章，标题不同，阅读量可能大相径庭。例如，标题 1 《12 年前，那个故意考 0 分的人，现在怎样了》（文章阅读量超过 10 万 ）；

标题 2 《你还相信读书无用论吗》（文章阅读量只有几千 ）。

由此我们可知标题的重要性。所以，在写文章时，我们一定要跳出"文章内容为王，标题随便取一个"的误区，要认真打磨标题。

起标题应遵循的四大原则

在研究了上千篇爆款文章的标题后，我们总结出了起标题的四大原则。

有明显的代入感

大多数人对与自己有关的事情总是格外关注，对与自己不相关的事情则不感兴趣，这种现象被称为"视网膜效应"。因此，如果标题的内容和读者息息相关，他们就会不由自主地对号入座，文章的阅读量自然就会不断上升。下面我们来看两个例子。

- 《单身人士的日常：外卖、煲剧、打游戏、睡觉……》，这个标题把单身人士的日常描绘得淋漓尽致，假如一个单身的人刚好看到这个标题，并且发现自己的状态就是这样的，就很有可能浏览这篇文章。
- 《大城市摸爬滚打多年：没房、没车、没存款，还没有爱情……》，这个标题是很多年轻人的真实写照，如果看到这个标题的年轻人正在大城市辛苦打拼，肯定会浏览这篇文章。

替读者发声

在新媒体时代，人们有多种方式可以为自己发声，写文章就是其中一种，如果文章的标题表达了某个群体的心声，引发了他们的共鸣，那么他们就会对文章内容感兴趣，进而点开阅读并转发。下面我们来看两个例子。

- 《自从结婚之后，我每天都想回到单身岁月》，对夫妻关系或婚姻状态不满意的人来说，这个标题是他们内心的真实写照。
- 《谁说当妈容易？错！容易老、容易丑、容易困……》，这个标题把女性当妈后的状态描绘得淋漓尽致，能够引发宝妈们的共鸣。

激发好奇心

一个好的标题一定要有"勾魂"的魔力，让读者一看到标题就忍不住想点开文章看一看。所以，在起标题时，我们可以借助事件的特殊性，激发读者的好奇心。例如，下面这些标题就能激发读者的好奇心。

- 《阿里年薪 40 万招广场舞大妈？我被 60 岁大妈打败了》
- 《"哈佛女孩"现状曝光：曾经 19 岁月入 5 万，如今却成了普通中产》
- 《莫言与爷爷的故事，让我明白了中国人为什么伟大》
- 《这 6 部电影你都看过，但你一定忽略了里面几个细思极恐的细节》

上述标题都是先抛出一个谜团，激发读者的好奇心，即使文章的内容与自己无关，读者也可能会点开文章看一看，满足一下自己的好奇心。

传递"有用"的信息

这类标题主要适用于有"干货"的文章，给读者提供实用的技巧，并且这些技巧是读者目前急需的，因此他们会对文章的内容感兴趣，甚至会收藏或转发。例如，下面这些标题就属于这类。

- 《人人能学会的省钱攻略，让你每年省出 20000 元》
- 《孩子拖拉、磨蹭，学习效率低？聪明的父母都这样做》
- 《晚上总是忍不住熬夜？5 个小技巧让你天天早睡》

这些标题都表明文章中有很多技巧和方法，这对有相应需求的读者来说可谓雪中送炭。

起标题的七个方法

在了解了起标题的主要原则后，下面我们介绍七个起标题的方法，初学写作者可以在写文章的时候直接运用这些方法给自己的文章起标题（见图 1.10）。

图 1.10　起标题的七个方法

抓住热点关键词

如果你写的文章的标题包含热点关键词，就能吸引读者，达到通过标题自动引流的效果。流量较大的热点关键词一般来自热点新闻或事件、刚上映的电影、热播电视剧和综艺节目等。例如，下面这些标题就包含热点关键词。

- 《女排征战亚洲杯 14 人名单出炉：我看到了中国年轻人最好的样子》
- 《10 岁男孩开捷豹上高速：那些"没有规矩"的孩子后来怎样了》
- 《40 名大学生被退学：千万别被"上了大学就解放了"这句话骗了》

巧用数字

一般情况下，带数字的标题总会让人忍不住多看一眼，原因在于很多人认同"用数据说话"这一观点。带数据的标题让人觉得更可信，此外还能激发读者的好奇心，想知道到底是什么情况。例如，下面这些标题就巧用了数字。

- 《30 分钟教你做 5 道全家人都爱吃的菜》
- 《用餐礼仪记住这 5 条就够了》
- 《毕业 20 年后参加同学聚会，我明白了 5 个扎心的人生真相》

设置悬念

设置悬念与前文讲的激发好奇心相似，但又有所不同，区别在于设置悬念是采用反问的方式抛出一个悬念，让读者看到标题后百思不得其解，迫不及待地想点开文章一探究竟。例如，下面这些标题就是设置悬念的范例。

- 《"八达岭老虎咬人事件" 6 年后，那个幸存者如今怎么样了》
- 《我为什么辞去了北京年薪百万的工作回农村老家种地》

• 《5 年读了 200 本书的人，到底活成了什么模样》

反转对比

反转对比就是在起标题时不按照常规的思路，针对某个问题，一般我们想到的答案是 A，但标题给出的答案是 B，通过这种反转对比，颠覆读者的认知。例如，下面这些标题就是反转对比的范例。

• 《他每天学习到深夜，期末考试终于考了个倒数第一》

• 《我每天来得最早、走得最晚，一个月后工资被扣光》

• 《她性格温顺、乐于助人，身边一个朋友也没有》

引用对话

引用对话就是用对话的形式表明文章的主题。对话形式的标题能够把读者带入具体的场景中，让他们身临其境，感受其中的氛围。例如，下面这些标题就是引用对话的范例。

- 《"说话直你别介意啊！""才怪！"》
- 《"我美吗？""哈哈哈哈哈……"》
- 《"孩子小，你能别跟他一般见识吗？""不能。"》

巧用人称

人称标题在新媒体文章中很常见。标题中的"我"大多数时候不是指写作者自己，而是文章的主人公。标题中用"你"主要是为了拉近和读者之间的距离，给读者一种亲近感。下面这些标题就是巧用人称的范例。

- 《我是如何一步一步把天聊死的》
- 《你以为的勤奋，只不过是假装努力》

• 《恭喜你！在 30 岁前遇到了如此靠谱的居家整理术》

金句标题

金句标题是用简短且令人印象深刻的句子概括文章的主题，以引发读者的共鸣。金句标题的字数不多，但具有较强的说服力。例如，下面这些标题就使用了金句。

• 《格局大了，脾气就小了》
• 《你的自律，终将美好》
• 《做事见格局，吃饭见素养，患难见真情》

标题是一篇文章的点睛之笔，也是最先被读者看到的。初学写作者可以先收集自己想写的领域阅读量较高的文章的标题，然后分析这些标题的精妙之处；最后在写文章时运用上文介绍的起标题的七个方法，细细体会不同标题的魅力。

四个技巧写出精彩开头

当选题、结构、标题都确定好之后，再写开头就游刃有余了。下面我们介绍四个写出精彩开头的技巧，初学者可拿来即用。

以热点开头

在新媒体时代，文章以热点新闻、热点事件、热播的电影或电视剧开头是较为常见的一种方式。因为热点自带流量，可以增加文章的阅读量，所以收集热点素材是写作者每天都要做的事情。

现在，读者的阅读目的越来越直接，在看一篇文章时，希望一看开头就知道怎么回事，然后再决定是否继续阅读。

以故事开头

以故事开头是一种常见的写作方法。写作者用故事或者自己身边发生的事情作为开头，就像和朋友聊天一样娓娓道来，能使读者感到亲切，这样他们就更容易接受文章中的观点。

在使用故事作为开头时，我们要把故事写得有画面感和代入感，这样文章的开头会更加引人入胜。所谓画面感和代入感，是指预设一个场景，不管你写哪个角色，都要将自己预设成那个角色，试想他们在这个场景中会说什么话、会怎么做、会有哪些反应。当你按照这个要求写时，就会发现自己写的场景几乎都是真实生活的重现，这样就会给读者一种很真实的感觉。

以情绪推进

以情绪推进可以让文章在一开始就引发读者的强烈共鸣。那么，如何以情绪推进写好文章的开头呢？下面我们以"婴儿哭"为例进行说明，没有情绪推进的写法可能是这样的：

婴儿哭是一件很正常的事，当他哭的时候就让他哭，等他哭累了自然就不再哭了。妈妈不要急着去抱正在哭泣的婴儿，如果妈妈养成孩子一哭就抱的习惯，以后受累的是自己。

上面一段话给人的感觉像喝一杯白开水一样寡淡无味，如果我们用情绪推进的方法写，效果会怎样呢？

婴儿大大的眼睛里含满了泪水，小嘴一撇，"哇"的一声就哭了起来。妈妈看到孩子晶莹的眼泪和委屈的模样，心立刻软了，轻轻地把孩子抱起来，拍着他的背说道："好了好了，不哭了。"

经过这样一改，文字立马变得有画面感，能让读者充分感受到案例中人物内心的情绪波动。

以数据开头

以数据开头不如上述三种方式常见，但是每当有一些重要的数据公布出来，相关文章以数据开头就必不可少。那么，哪些数据会引发广泛的讨论并成为热点话题呢？例如，每年有关离婚人数和结婚人数的数据、有关疾病的数据、有关出生人口和死亡人口的数据等。

在写文章时，初学写作者应先学会运用以上四个技巧，这样写出精彩的开头就会变得越来越容易，写起来也会更得心应手。

写作必防的"摆烂"式开头

学会了正确的写开头的方法后，我们还需要对错误的写开头的情况有所了解。

"自嗨"式开头

在写开头的时候，最怕的就是"自嗨"式开头，即写作者觉得自己写得很不错，甚至把自己都感动哭了，但是读者可能并不感兴趣。

在写文章时，很多写作者容易陷入个人情绪，但对读者而言，过于偏激和情绪化的描述会让他们很反感，并认为写作者的观点和思维有局限，进而放弃继续阅读。

作为写作者，我们不仅要站在读者的角度思考问题、阐述观点，而且要理智且客观地进行表达。

啰唆的开头

在写文章时，最怕开头啰唆，读者最烦看了很久仍不知道写作者想表达的主题是什么。因此,在写文章的开头时,与主题相关的内容要详细写,与主题不相关的内容可直接忽略。

不完整的开头

在新媒体时代,写文章容易上手是因为有固定的写作模式,每个段落的结构都有章可循,开头也是如此。文章开头的结构一般是总 - 分 - 总,具体包括过渡句、事件、事件点评、名言警句或金句、点题呼应,一个完整的开头一般由以上五个部分组成。

然而,很多初学写作者在写开头时缺少对案例或事件的点评和点题呼应两个部分的内容,讲完案例或事件后就用名言警句或金句引入正文。这会导致文章出现断层现象,从而无法调动读者的情绪。对读者而言,如果一篇文章不能在一开始就调动他们的情绪、引发他们的共鸣,那么他们就没有读下去的欲望了。

生搬硬套的开头

在热点新闻或事件刚出来时，很多初学写作者容易陷入生搬硬套的误区，把热点新闻或事件直接拿过来用。如果是这样的话，文章的可读性就会很差；因为新闻不带任何感情色彩，只是简单、客观的描述。如果你想把热点新闻或事件作为文章的开头，就需要根据自己的理解重新进行整理和描述。

上面提到的四个"摆烂"式开头是初学者容易犯的错误，我们可以在写完开头之后检查一下自己是否犯了上述几种错误。

第二部分

主体论述

第 二 章

找到新颖有料的素材

对一篇文章而言，标题和开头的重要性毋庸置疑，在学习并运用第一章介绍的方法后，我们只是踏出了成文的第一步。想要写出一篇好文章，接下来我们还需要新颖有料的素材。

一般来说，一篇文章分为 3 个部分。其中，主体部分的每一个分论点都有一个详写的素材和一个略写的素材作支撑，这样文章的内容才会显得充实、可读性更强。但要注意一点，同一类型的素材不宜过多。

但是，如何找到合适的素材呢？答案是读万卷书和行万里路，我们不仅要读很多书，而且要增长见识，以此拓宽自己的视野和获得成长。对写作者来说，日复一日的积累非常重要。在长年累月的积累过程中，你读过的书、见过的人、做过的事，在写文章时都会成为写作的素材，而且这样的素材是独一无二的。但是，如果写作素材只靠日常积累的话，未免太耗费精力，尤其当我们所积累的素材库中没有现成可用的素材时，这就要求我们掌握一些能够快速找到合适素材的方法。

下面我们就介绍如何快速地找到自己所需的素材，以及如何在日常生活中进行素材积累。

省时省力的定位搜索法

对初学写作者而言，找素材难，找到合适的素材更难。如何在短时间内找到自己需要的写作素材，是每位写作者都必须掌握的技能。要想快速找到想要的素材，定位搜索法是一种省时省力的好方法。

要想快速找到所需的写作素材，在开始搜索之前，我们必须明确自己要找的素材是什么及去哪里寻找。只有明确了这两点，我们才能快速找到自己想要的写作素材，否则不仅浪费时间，而且有可能在找素材的过程中越跑越偏。

那么如何才能既快速又精准地找到文章素材的"定位"呢？我们可以从以下三个方面入手。

调整心态，有容乃大

作为写作者，在搜集和积累素材的过程中，我们不能用平常的眼光去看待某件事或某个问题，只有这样我们才能向读者呈现不一样的视角或者更高层次的认知，只有这样我们写出来的文章对读者来说才有意义。要想做到这一点，我们就必须转变固有的思维定式和心态，学会接纳各种不同的事物，这是一个写作者必须具备的基本素养。如果我们做不到这一点，写出来的文章就会有局限性。

有些人思想固化、很难接受别人的看法和不同的观点，原因可能是他们的成长环境和接触的人影响了他们的思维方式，他们习惯接受自己喜欢的、愿意接受的内容，拒绝接受那些自己不喜欢的、和自己的生活方式不一样的内容。一旦形成这种固化的认知，人们就容易人云亦云，只凭主观感受做出评判，不能站在客观的角度观察和思考问题。在这种情况下，会导致很多写作者写出的文章很一般，无法给读者提供有价值的内容。

因此，在搜集素材的时候，我们要调整心态，否则会错失很多好选题和好素材。一旦我们打开自己的内心，就会发现可用的素材有很多。

定位要搜索的素材

要想快速找到自己想要的素材，我们首先要明确自己要找的素材是什么，此时提纲的重要性就突显出来了。我们可以根据确定好的提纲，再结合每一部分的分论点，对素材的搜索做一个初步的定位，也就是确定我们要找关于什么内容的素材，之后再明确要找什么类型的素材。在写文章时，常用的素材类型大致分为以下三类：身边的一手素材、多媒体形式的素材、文字形式的素材（见图 2.1）。

图 2.1 常用的素材类型

身边的一手素材

身边的一手素材主要分为以下三种。

- 你所看到的，可以是你在家里看到的，在路上看到的，在公司里看到的，在学校里看到的，在朋友圈中看到的，等等。
- 你所听到的，包括你听家人、邻居、同事、朋友、亲戚、孩子等说的内容。
- 你所经历的，包括你小时候的经历或者在学校、职场等经历的事情等。

身边的素材通常来源于实际生活，所以我们可以通过描写身边的故事来表明自己的观点。使用这类素材的好处在于，读者是和我们一样的普通人，当他们看到文章里的内容与自己的背景、身份和经历相似时，会更容易让他们产生共鸣。

当我们确定在文章中使用身边的素材时，就可以根据文章的中心观点或分论点回忆一下自己是否听见、遇见或者看见过类似的事情。

除了回忆，我们还可以从自己的"万能素材库"寻找相关的素材。至于如何建立"万能素材库"，我们将在后文中进行介绍。

多媒体形式的素材

电视剧。热播电视剧是搜集写作素材的主要阵地，在一部电视剧中，通常会涉及亲情、友情、爱情等。我们可以从不同剧情所体现出的不同侧重点入手，把电视剧中的某段剧情作为自己的写作素材。

电影。对写作者而言，定期看电影很重要，因为电影中有很多素材可用于写作，尤其是一些高分电影、必看榜单上的电影。

综艺节目。除了热点新闻，很多综艺节目也是热点话题的聚集地。我们可以根据自己常写文章的类型，关注相关的综艺节目。在观看高质量的综艺节目时，我们不仅可以从中找到写作素材，还能提升自我。

纪录片。与快节奏的网剧、综艺节目相比，纪录片通过写实的手法打造出震撼人心的效果。在写作的过程中，来源于纪录片的素材能够提升文章内容的深度。

广告。如今很多广告堪比一部大片，你以为自己是在看一则广告，实际上在不知不觉中已经完成了产品的"种草"。

短视频。这里的短视频指的是抖音、快手、小红书、微信视频号等平台中的作品。我们可以在这些平台上通过直接输入文章主题的关键词来搜索相关视频。

演讲、访谈类节目。多媒体形式的素材还包括演讲、访谈类节目，源自这两类节目的素材会让写作者输出的观点更加深刻。

文字形式的素材

文字形式的素材主要是指各种新闻素材。新闻类素材主要是指最近发生的、有价值的、引发热议的事件。

另一种重要的文字形式的素材是图书。我们可以从图书中寻找自己所需要的写作素材，而快速找到素材的方法是在电子书商城里搜索与所写文章主题相关的电子书。

一般来说，同一主题的图书会有很多本，但我们不用把每一本书都看一遍，只需要打开目录，查看与所写文章分论点相符的章节即可。

新媒体写作的底层逻辑与关键技巧

在使用图书中的内容作为素材的时候，我们不能照搬原文，而是要学会用自己的话叙述一遍。在叙述前，我们可以在文章中提及谁在哪本书中怎么说的等。

当我们明确了要搜索什么主题的素材后，就可以使用不同类型的素材主题关键词进行搜索，这样一来就能找到与主题相关的素材了。

写作没有捷径，但搜索素材有。当我们知道自己要搜索什么内容和哪种类型的素材后，就可以发挥搜索引擎的力量。除了常用的搜索引擎外，还有很多其他搜索渠道，如知乎、新浪微博、短视频平台等。在查找专业的内容时，我们还可以在一些学术数据库进行检索，如知网、万方、中国国家数字图书馆等。

以点拓面的联想搜索法

要想搜索到更多素材，除了使用定位搜索法，我们还可以使用以点拓面的联想搜索法，让素材的搜索范围最大化。

联系法则

所谓联系法则，是指在明确写作主题的基础上，将口语化的长句、问句转变为简短的关键词。例如，我们想找关于"一个人说话不好听会产生哪些影响"的素材，可以先想一想在日常生活中一提到这个主题我们会想到什么。

丈夫说话不好听，是否会伤害到妻子？父母说话不好听，是否会伤害到孩子？这种"伤害"虽然不是传统意义上的"家庭暴力"，但有可能是"语言暴力"。此外，为什么有人说话不好听？原因可能是沟通方式存在问题。

对这个主题进行分析并联系与此主题相关的内容后，我们的搜索词就变为语言暴力、好好说话、如何沟通等，这样就可以找到各种主题相似但内容不同的素材了。

通过这样一步一步地分析，关键词越来越清晰，搜索的范围也逐渐缩小，相应地就节省了搜索时间。

深入追踪

深入追踪是指在搜索素材的过程中，我们经常会发现一些相关的图片或者视频片段，只要这些内容适用于我们所写的文章主题，我们就可以进行深入追踪。

我们经常看到很多文章中有配图，但这些图可能只与文章里的一句话或者文章的主题有关，但并没有重点描写这些图。此时如果我们写的文章的主题与之相关，就可以根据图中的关键词（如果有的话）进行搜索，这样我们就可以将相关片段作为自己的写作素材了。

关键词关联扩散

当文章的主题确定下来后，如果我们想搜索不同的素材，除了联系法则外，直接将关键词进行扩散也是一种很好的方法。此处的关键词既可以是文章的主题，也可以是每一部分的分论点。

关联扩散指找到与主题关键词对应的近义词和反义词，以及相关的动作。例如，如果某一主题的关键词是"控制"，那么我们可以搜索与之相关的近义词和反义词。"控制"的近义词有抑制、掌控、限制、操纵，"控制"的反义词有放任、摆脱、放纵。除此之外，我们还可以搜索这些词的近义词和反义词。

如果"控制"一词描述的是父母与孩子之间的关系，我们还可以根据关键词产生的相关动作试想父母会做出哪些举动：为孩子安排好一切、替孩子做决定、做事情不考虑孩子的感受、不让孩子自主选择……

以上几种方法是我们在写作过程中可能会用到的快速搜索素材的技巧。

建立自己的万能素材库

与各种搜索方法相比，写作者建立属于自己的素材库才是在写作路上拥有了自己的秘密武器。

量变引起质变，只要我们积累足够多的素材，在需要的时候就能快速从中找到自己想要的素材。那么，如何进行日常积累并建立自己的万能素材库呢？

记录生活

很多人认为每天的生活很平淡，其实日常的生活才是一个巨大的素材库。日本作家奥野宣之在《如何有效整理信息》一书中提到，我们可以通过"书写创意的生活日志来建立一个'行走的素材库'"。

从现在开始，我们可以留意生活中的小确幸和小感悟，随手记录平时看到、听到和经历过的让自己有感触的人、事、物等。在之后写文章时，我们可以以记录的事件为原型，根据文章的主题对它们进行相应的改编。由此，生活中不以为意的小事，就会变成文章中动人的素材。

用心积累

提到"积累"，很多人会想到"慢""枯燥""无聊""费时费力"等，其实并非如此。手机已经成为人们日常生活的必备品，如果我们每天在用手机时做一个"有心人"，那么就会积累很多写作素材。

第一，刷新浪微博和榜单时要留心。每天的微博热搜、热点话题、各类话题榜单等都是我们可以积累的写作素材。

第二，看视频时要细心。电视剧、电影、综艺节目、演讲视频、纪录片甚至广告中的一个片段或镜头都是我们写文章时可以用到的素材。此外，电视剧、电影中人物的台词，综艺节目里嘉宾说的话，广告中的文案等，都可以当作文章的金句甚至标题。

高效阅读

在积累写作素材的过程中，离不开看书。对写作者来说，不管是阅读哪种类型的图书，都是一种很好的输入。只要我们用心且带有目的性地去阅读，就可以从书中快速找到自己需要的素材。换句话说，在阅读之前，我们要明确自己想要从书中得到什么。

在写一篇文章前，如果我们能多看几本同类主题的图书，那么我们对即将要写的主题的理解也会更加深刻。此外，在平时看书时，我们可以在自己觉得很好的句子、故事旁边做标记，之后在写作需要时，翻一翻有标记的地方就可以了，不需要再重新看一遍。

在读完一本书后，我们可以做一个简单的思维导图来记录书中的重点，这样还可以锻炼自己的归纳总结能力。

最后，我们可以根据自己的习惯将积累的素材进行整理并分类，比如书籍类素材、电影类素材、电视剧类素材等，并不断地更新它们，这样当我们在写作需要时，就可以快速找到相应的素材，而且定期整理这些素材也有助于激发写作灵感。

另外，关于素材的搜集，我们推荐大家使用 8∶1 原则。例如，如果你计划写一篇 2500 字的文章，那么至少需要搜集 20000 字的素材，在成稿过程中再进行删减。

第 三 章

写出打动人心的好故事

我们常说，道理讲得好，不如故事讲得好。作为写作者，要想让读者接受甚至支持我们的观点，与其写一堆大道理，不如用一个小故事引发读者的共鸣，并在此基础上把我们的想法和观点表达出来，这样才更能打动人心。

那么如何将搜集到的素材嵌入文章中，写出一个能够打动人心的好故事呢？我们可以从以下几个方面着手。

激发读者的情绪

我们常说的爆款文章，也就是那些让人看完忍不住点赞、留言、转发的文章，一定是其中的内容或故事激发了读者的情绪，引发了他们的共鸣。要想做到这一点，首先我们要了解人类的基本情绪。

喜——喜悦、开心、激动等。例如，我们写一篇讲述爸爸带娃和妈妈带娃的区别的文章，读者看到文中的故事或图片后忍不住哈哈大笑，想着这写的不就是自己吗，自然就想转发给更多的人看。

怒——愤怒、生气、讨厌等。例如，我们写一篇有关"道德绑架"的文章，讲述身边的人打着"我弱我有理"的名义侵犯他人权利的故事，让人很生气，读者看完后会联想到自己见过或遇到过与此类似的人或事，因此转发并留言写下自己的经历或观点。

哀——难过、悲伤、痛苦等。 例如，我们写一篇关于职场和家庭的文章，讲述"放下工作养不起孩子、拿起工作就抱不了孩子"的故事，读者看完后觉得这就是自己生活的真实写照，不禁感叹、伤心和难过，于是通过转发的方式希望引起更多的人的共鸣。

惧——害怕、焦虑、担心等。 例如，我们写一篇关于不要熬夜的文章，讲述那些因熬夜而身体慢慢垮掉的故事，读者看完后就会想到自己的生活现状，为了提醒自己和身边的亲朋好友不再熬夜，于是转发了这篇文章。

上面提到的四种情绪是人类最基本的情绪，也是我们在写文章时首先考虑要展现的情绪。所谓引发读者的共鸣，就是指我们写的内容或故事触动了读者，唤起或激发了读者的一种或多种情绪。读者看完一篇文章后情绪被激发得越多，文章的内容对他们的影响也就越大，这篇文章也就越成功。

我们写的故事能够激发读者的情绪的前提是这个故事能激发我们的情绪，并且知道激发自己情绪的关键点在哪里。例如，有这样一则新闻：

留学生因生活费不足辱骂父亲。近日，一段留学生因生活费不足辱骂父亲的聊天记录截图引起网友的热议。网帖称女生每月生活费 1.1 万元，父亲每月工资 1.3 万元，不少网友对该女生的行为表示很气愤。

看到这则新闻的时候，你的第一反应是什么？你是像其他网友一样感到愤怒，还是觉得事不关己？

对写作者来说，如果我们只是指责、教育、批判，那与一般网友的评论就没有什么区别了。

我们一起看一下当时一篇阅读量超过 10 万的亲子类文章是怎么

写的。

去年，一则"留学生因生活费不足辱骂父亲"的新闻引起了广泛的讨论。51 岁的父亲辛苦打工挣钱，倾尽所有供女儿出国读书。工薪阶层的父亲无法给予女儿更多的钱，他无力地向女儿倾诉着自己的不易。

"爸爸就这么多的工资，没有钱了怎么给你呢？"

"爸爸51 岁了，已经老了，没有能力一直养你，你省着点花。"

但女儿呢？23 岁了却依然不能自立，习惯性地向父亲伸手要钱。被拒绝了就对父亲态度冷漠，甚至出言辱骂。

她自己的朋友圈发的都是吃喝玩乐的内容，可谓一片岁月静好。

而她父亲的朋友圈则经常是一碗稀粥加一碟小菜，生活很清苦。

经过这样描述，51 岁老父亲的清苦、卑微和不易像针一样戳中读者的心，工薪阶层、稀粥小菜、小心翼翼，让人联想到自己年迈的父母，从而唤起心中悲伤、难过的情绪；23 岁的女儿的贪婪、无知、冷漠，只知伸手要钱和出言辱骂父亲，愤怒的情绪不禁在读者的心头翻涌。

作为写作者，我们写的内容只有先打动自己，才有可能打动读者。要想做到这一点，在日常生活中，我们可以尝试将看到的新闻、听到的故事讲给身边的人听。在讲述之前，我们要想清楚三个问题：我想通过这件事表达什么样的观点、我希望对方听完有什么反应、如何讲述对方才会产生我想要的反应。

故事要条理清晰

一个好故事除了要能激发读者的情绪，更重要的是要清晰、有条理。在写作的过程中，很多人经常陷入一个写作怪圈：觉得自己写的故事很感人，结果读者根本不知道作者究竟想要表达什么意思，最后导致很多人感慨"世人皆醉我独醒"或者"千里马常有而伯乐不常有"。要想摆脱这种写作怪圈，我们可以从以下几点做起。

以主题为重，拒绝假大空

首先，在选择故事时必须以文章的主题为重。为此，在写故事之前，我们需要注意以下两个方面。

要写的故事是否与文章主题有关。在选择故事时，我们首先要考虑故事与文章的主题是否有关。我们是通过故事自然而然地引出自己的观点，还是我们觉得故事与文章的主题之间好像有一点关系，然后就生拉硬扯地将二者放在一起？

要写的故事是否有支撑起主题的力量。一位写作者将自己写的一篇以"说到做到"为主题的文章发给我们，让我们把把关。这篇文章采用的是递进式结构，基本内容如下。

第一部分内容讲"说到做到"很重要。作者通过写一位明星在综艺节目中说自己小时候其父母没有说到做到，以至于成年后他不断地买当年父母没给自己买的那件东西。通过这个故事，写作者引出了"父母能否说到做到会对孩子产生很大的影响"的观点。

第二部分内容讲"说到做不到"的负面影响。写作者写一个小男孩因为妈妈经常食言，所以不听管教的故事，以此引出"父母说到做不到，会把孩子越推越远"的观点。

第三部分内容讲"说到做到"的正面影响。写作者写一位成功的商业人士在孩子面前说到做到，最终孩子深受影响并走向成功的故事。以此引出"父母什么样，孩子也会什么样"的观点。

第四部分内容讲方法——父母如何对待自己的承诺。写作者分别列举了几对不同职业、不同背景的父母，在日常生活中是如何兑现自己对孩子说过的话，以此告诉读者应该怎么做。

从整体上看，这篇文章好像并没有大问题。我们仔细分析后发现，第一部分和第三部分的故事都有足够的力量支撑文章的主题，读者看完后会觉得原来"说到做到"这件小事居然这么重要；但是第二部分的故事的力量就有点弱，读者看完后会觉得，"说到做不到"的后果就是孩子不听话而已，导致前面铺垫的情绪一下子就消失了。这样一来，整篇文章就达不预期的效果。

由此可见，在写文章的过程中，我们所写的故事要结合主题，更要有支撑起主题的力量，这两点缺一不可。

叙述清晰、有条理

要想写一个好故事，我们的叙述要清晰且有条理。我们不仅要在写文章时有结构意识，在写故事时也要有结构意识，即故事要有开头、经过、结果。我们也可以把故事的结局或某个重要、突出的片段放在前面，然后再从头开始叙述。常见的故事结构要素如下。

开头：谁 + 怎么样（一句话简述）+ 故事的起因（包括时间、地点等要素）。

经过：谁 + 做什么 + 怎么做（主要写转折、重点、矛盾、特殊事件等）。

结果：最后的解决方法 + 结果。

至于具体要写哪几个要素，写作者可以根据文章的需要及篇幅的长短进行调整。

刻画细节，让人身临其境

常言道，细节决定成败。做人、做事如此，写文章也是如此。将故事写得清晰有条理，是写作的基本功。而在写故事时，我们还要注意细节的刻画，让故事更真实、动人。一般来说，细节刻画主要有以下几种类别（见图 3.1）。

动作细节
刻画

表情细节
刻画

语言细节
刻画

数字细节
刻画

图 3.1　细节刻画主要类别

动作细节刻画

例如，在《当孩子说"妈妈，我想要玩具"，你的做法影响他一生的幸福》一文中有如下描述。

妈妈突然站起身，一把拉起孩子，将他往前拽。

被妈妈拽着向前的孩子，依然抱着玩具。妈妈转身走了。这时，孩子立马放下玩具，疯了一样跑出去追上妈妈，用小手死死地拽住妈妈的衣角不甘心地哭起来。

妈妈却一把扯开孩子的手，生气地说："别拉我，我不管你了。"

这个故事片段描写了一位妈妈不想给孩子买玩具的场景，这些动作细节的刻画可以将读者代入真实的场景中，比直接写"妈妈很生气，怎么都不愿意给孩子买玩具，孩子难过地一直哭"更能让读者体会到妈妈和孩子的情绪。

同理，如果我们写故事的重点在于想突出人物是怎样做某件事的，就可以在故事中加入动作细节刻画。

表情细节刻画

例如，在《越难熬的时候，越要靠自己》一文中，写作者讲到自己处于人生的低谷时，咬牙为孩子买了一个蛋糕，结果两岁的孩子一不小心把蛋糕打翻了。那一刻，写作者写道：

我像头凶猛的野兽一样想要发火，看着我的样子，家人根本不理解，他们觉得为了一个蛋糕至于吗。看着孩子惊恐的眼神，我所有的暴脾气顿时化作一缕云烟，我陷入了深深的自责之中。

其中的表情细节刻画可以让读者深切地感受到写作者及其家人的情绪变化。相反，如果写作者只写"看到这一幕时，我非常生气，想要发火，看了一眼孩子，然后又陷入自责"，那么就无法真正戳中读者的痛点。

如果我们在写故事时想重点突出人物遇到某件事时的反应，就可以适当加入表情细节。

语言细节刻画

这里的语言指的是人物对话。例如，如果我们想写丈夫嫌妻子唠叨的故事，可以有以下两种描写方式。

- 妻子刚念叨一句，丈夫就皱着眉头，一副不爱听的样子。

- 妻子刚念叨一句，丈夫就皱着眉头大吼："你怎么那么多事儿！"

这样一对比我们可以发现，第二种方式给人带来的冲击更强烈。在新媒体文章中，直接的语言描写并不多，但如果在关键的地方插入对话，故事和文章就会变得很丰满。

数字细节刻画

例如，我们想写一篇以"自律"为主题的文章，如果就写一句"C 罗非常自律，所以他的球技一直保持在很高的水准"，读者看不出 C 罗究竟有多自律。如果我们在故事中加入"C 罗的实际年龄是 33 岁，但他的体格却保持在 24 岁""体检结果显示，15 年来，C 罗的体脂率一直保持在 7%，而球员的平均体脂率是 11%"。读者看到这样的数字对比，就会感到很震撼。因此，如果我们能查到比较准确的数据，就可以在故事里加入数据，给读者一种更直观的感受。

除了上面提到的几种细节刻画，在写故事时我们还要注意环境、人物的外貌和心理、周围的声音等。具体运用哪种细节描写，要视情况而定，不能贪多，以免故事失去了重点。

有舍有得

写好一个故事并非从头到尾、事无巨细地将所有相关内容都描写一遍，比完整更重要的是"讲重点"。要想做到这一点，我们可以从以下两个方面着手。

详略得当

故事是为文章的主题服务的，因此在写故事时，我们要学会取舍，把重点放在能表明自己观点和调动读者情绪的部分。

例如，我们想写一篇以"格局"为主题的文章，那么对于因为格局不同而做出不同行为和不同格局带来不同结果的部分就要详细描写，至于我们是怎么认识这些人的、在日常生活中是如何与他们相处的就可以略写甚至不写。

重情节轻情绪

在写作时，最忌讳的就是"自嗨"式写作，即写作者在写故事时过多地代入个人情感，逐渐变得自说自话，而不考虑读者想不想看。在写故事时，我们可以增加一些描写情绪的细节来引发读者的共鸣，但切忌情绪盖过情节。

所谓"舍得"，就是要学会权衡，与其用上千字详细讲述一件事，让人看得心烦意乱，不如择重而言，让人回味无穷。

除此之外，对于已经找好的写作素材，我们可以直接讲述，也可以进行改编。在改编素材时，我们需要注意五个要素——时间、地点、人物、主题、细节（对话、表情、动作）——的设置要符合逻辑，不能脱离实际生活，胡编乱造。

总的来说，故事是一篇文章的血肉。请记住，唯有多练习和打磨，我们才能写出更加深入人心的故事。

第 四 章

写出精彩金句

什么是金句？简而言之，金句就是让人印象深刻的句子。

记得我们上中学那会儿，每个人都有一个摘抄本，我们会在这个本子上摘抄一些从书中或杂志上看到的比较好的句子和段落，如果能把这些句子用在作文中，肯定会让作文增色不少。同理，如果我们在写文章的时候引用一些名言警句，甚至写出几句金句，文章的阅读量和转发量也会有所增加。

金句的字数不多，但阅读起来朗朗上口，能够引发读者的共鸣，或者能很快吸引读者的注意力，激发他们想要转发的欲望。那么如何才能写出精彩的金句呢？

金句解析

要想写出令人心动的金句，首先我们要了解金句的类型。一般来说，常见的金句有以下几种类型（见图 4.1）。

图 4.1　常见金句分类

扎心型金句

示例 1：世界上只有一种病，那就是穷病。（出自《我不是药神》）

解析：这句话可以拆解为一个写作通用句式"……（地点）只有一种……，那就是……"，后半句既是对前半句的回应，也是基于现实进行升华，而升华的结果直戳人心。

示例 2：有些笑容背后是紧咬牙关的灵魂。（出自《看见》）

解析：这句话可以拆解为一个写作通用句式"……背后是……（形容词）"，虽然这句话只有十几个字，但"笑容"和"紧咬牙关"形成了强烈的对比，让人印象深刻。

示例 3：傲慢不是他们的错，是双方地位和差距的必然结果。（出自《人世间》）

解析：这句话可以拆解为一个写作通用句式"……不是……是……的必然结果"，前后的因果对比通过转折给人带来冲击，可以达到发人深省的效果。

温暖型金句

示例 1：草在结它的种子，风在摇它的叶子。我们站着不说话，就十分美好。（出自《门前》）

解析：这句话可以拆解为一个写作通用句式"……在……在……就……"，这短短的一句话讲述了一个人生哲理：顺其自然。这种不经意间展示的温柔让人怦然心动。

示例 2：醒来觉得甚是爱你。（出自《朱生豪情书》）

解析：这句话可以拆解为一个写作通用句式"……觉得甚是……"，"醒来"和"爱你"这两个原本没有因果关系的词语，通过生活联系在一起，给人带来了一种意料之外、情理之中的幸福感。

示例 3：一定要爱着点儿什么，恰似草木对光阴的钟情。（出自《人间草木》）

解析：这句话可以拆解为一个写作通用句式"一定要……恰

似……"，柔情蜜意的前半句搭配具象化的后半句，让"爱"字变得更加具体，让人脑海中立刻闪现出一片嫩绿的草地，心也瞬间变得柔软了。

鼓励型金句

示例 1： 放弃不难，但坚持一定很酷。（出自《解忧杂货店》）

解析： 这句话可以拆解为一个写作通用句式"……不……但……一定很……"，这句话先用"放弃"和"坚持"两个反义词形成对比，接着又用"难"和"酷"两个字形成对比，看似简单的一句话，却给人的内心带来了两次冲击。

示例 2： 当你真心想要去做成一件事的时候，整个宇宙都会联合起来帮助你。（出自《牧羊人的奇幻之旅》）

解析： 这句话可以拆解为一个写作通用句式"当你……的时候……都会……"，它用夸张的方式告诉我们"越努力越幸运"的道理，肯定的语气给人一种强烈的信服感。

示例 3： 你可以为自己寻找各种借口，对生活低头，但也可以迫使自己创造更好的生活。（出自《风雨哈佛路》）

解析： 这句话可以拆解为一个写作通用句式"你可以……但也可以……"，用前后对比的手法写出了困境之下的选择，话语中蕴藏着无限的能量，后半句的转折意味着重生，更意味着满满的希冀。

道理型金句

示例 1： 每逢你想要批评任何人的时候，你就记住，这个世界上所有的人，并不是个个都有过你拥有的那些优越条件。（出自《了不起的盖茨比》）

解析： 这句话可以拆解为一个写作通用句式"每逢你想要……的时候，你就记住……并不是……"，先描述一个常见的行为，然后揭示该行为背后的动机，并进行更深层次的分析，从而使这句话拥有了让人警醒的力量。

示例 2：自己不倒，啥都能过去；自己倒了，谁也扶不起你。(出自《姥姥语录》)

解析：这句话可以拆解为一个写作通用句式"……不……也……"，这种句式非常对称，通俗易懂，用前后对比的方式简述了一个人生道理，朗朗上口，让人过目不忘。

示例 3：你要造一艘船，先不要雇人去收集木头，而是要先去激发起人们对于海洋的渴望。(出自《小王子》)

解析：这句话可以拆解为一个写作通用句式"你要……先不要……而是要……"，这种句式将结果前置，然后倒推出达到结果的条件，将具体的行为和无形的信仰进行对比，让人为之一振。

通过对不同类型的金句的拆解和分析，我们可以发现，金句的底层逻辑是将我们平时所说的一大段话，通过某种简短的句式并结合有力的词语，将内心想要表达的情感表达出来。金句一般简短、有力，可以让读者一下子记住，甚至念念不忘。

那么，如何才能在文章中写出让人眼前一亮的金句呢？我们总结了三种写金句的方法，大家可以根据自己的写作基础和能力"搭配使用"。

"借力"升华

对刚开始学习写作的人来说，要想让自己的文章里出现金句的最好方法是直接引用他人的金句，以为自己的文章增加亮点。

例如，我们正在写一篇励志类文章，则可以引用王小波在《黄金时代》里的一句话："人的一生，可以自己选择的事情非常少。我们没法选择怎么生、怎么死，但我们可以选择怎么爱、怎么活。"

如果我们正在写一篇婚姻类文章，则可以引用卡耐基的话："多数男人总是忽略在日常的小事上的体贴，他们不知道，爱的失去，全在于那些小地方。"

如果我们正在写一篇亲子类文章，则可以引用教育家蒙台梭利的话："我们对儿童所做的一切，都会开花结果，不仅影响他的一生，也决定他的一生。"

当然，具体引用什么名言取决于我们正在写的文章的主题。也就是说，我们引用的名言不能与文章的内容脱节，否则就会显得突兀、多余。

总而言之，直接引用名人名言有如下好处：一是让初学写作者在短时间内学会如何升华文章的主题；二是增强文章的说服力。那么，在写文章时我们如何才能找到合适的名言作为金句呢？这里我们为大家提供以下四种方法以便快速上手。

国内外名人名言集锦

我们可以准备几本名人名言集，如《世界名人名言精选》，其中包括了情感、生活、成长、教育、成功等不同类别的名人名言。在写文章时，我们可以根据所写文章的主题直接翻到对应的章节进行查找，并从中选取适合自己文章的名人名言。

积累书中和文章中的金句

在平时看书或在网上浏览信息时，我们可以把其中的金句或作者引用的名人名言等按照不同的主题收录在自己的素材库里，在写作过程中需要引用名人名言时再去素材库中寻找。

积累各类视频中的金句

在看电影、电视剧或短视频时，我们可以把其中经典的台词、文案，包括人物所说的触动人心的话记录在自己的素材库里。
例如，

- 所谓才华，不过是长久的努力，聚光灯照不到的地方是辛苦的付出和汗水。（出自《向往的生活》）
- 人为什么需要陪伴，因为有些陪伴是不能重生的，错过就错过了。（出自《朋友请听好》）

利用搜索引擎搜索

我们可以直接在"句子控""金句吧"等平台进行搜索，也可以通过输入关键词搜索相应的语录、名人名言，或者在搜索引擎上搜索相应的图书信息，然后快速浏览目录或相关内容，看书中是否有可以引用的金句。

需要特别注意的是，既然是引用，就必须标明出处。如果实在找不到来源，我们可以进行重新叙述，如"之前看到过这样一句话""有人曾经说过"。

快速拆解，学会仿写

作为初学写作者，直接引用他人的文章、图书中的金句当然是最方便快捷的一种方式，但在逐渐提升写作能力的过程中，我们还可以通过对一些名人名言进行仿写，来让自己的表达更加精准到位。为此我们总结了以下三种仿写方法，大家可以逐一尝试并找到适合自己的方法。

拆解原句结构，代入新的主题

我们常说，在新媒体时代，学写作要先学会拆解文章，写金句也一样。如果我们想要让自己的文章更吸引人，就要多看看别人写的金句，然后拆解这些金句的结构，再根据自己的写作主题进行模仿。拆解金句的步骤如下。

- 第一步，先找一句能够打动自己的句子。
- 第二步，分析句子的结构，弄清楚这句话分为几个部分、组成句子的关键词分别有哪些。
- 第三步，剔除原句中的特定词汇（也就是原作者想表达的主题），只留下与主题无关的关键词，然后将其变成一个可以套用的句式模板。
- 第四步，将自己所写的文章主题带入句式模板中。
- 第五步，进行优化和完善。

例如，现在我们对"真正的幸福，不是活成别人那样，而是能够按照自己的意愿去生活。"这句话进行金句仿写。

- 第一步，原句由三个短句组成。
- 第二步，原句里的关键词有真正的、幸福、不是、活成、而是、能够、自己的意愿。
- 第三步，剔除原句中的特定词汇，也就是原作者想要表达的主题"幸福",剩下的关键词是真正的、不是、而是、能够,由此,我们可以得到这样一个句式:"真正的……不是……而是能够……"。

- 第四步,代入我们要写的文章主题,如"富养",我们可以思考一下,真正的富养不是什么,而是什么,如"真正的富养不是金钱,而是爱"。

- 第五步,进行优化和完善,进而得出新的金句:"真正的富养不是依靠金钱的力量,而是能够让孩子在充满爱的环境中成长。"

修改原句组成部分,改变原意

除了拆解原句结构,我们还可以通过修改原句的组成部分进行仿写。修改原句组成部分的步骤如下。

- 第一步，把我们正在写的文章主题作为关键词，通过前文介绍的方法搜索相关金句或名人名言。
- 第二步，将金句的前半句或者后半句删掉，结合我们的写作主题改成另外一个句子。

例如，我们对"优越感只是一种心态，并不代表你真的比别人好。"这句话进行仿写。

- 前半句保持不变，我们可以改为："优越感只是一种心态，千万别写在脸上。"
- 后半句保持不变，我们可以改为："看起来光鲜亮丽，并不代表她过得比别人好。"

记住，这里提到的不变不代表完全不变，我们可以根据自己所写文章的主题进行调整。

改变主语或形容词，诠释新意

在写文章时，我们还可以根据所写文章的主题，调整一些名人名言或者经典语句中的主语或者与之对应的形容词，这样也能让自己写的金句更有吸引力，具体步骤如下。

- 第一步，先找一句想要进行改写的金句。
- 第二步，找出原句中的主语或形容词。
- 第三步，将所写文章的主题关键词与原句的主语或形容词进行替换，然后进行完善和优化。

例如，电视剧《请回答1988》里有一句非常经典的台词："懂事的孩子，只是不撒娇罢了，只是适应了环境做懂事的孩子，适应了别人错把他当成大人的眼神。懂事的孩子，也只是孩子而已。"

下面我们仿照这句台词，在以亲子关系为主题的文章中仿写金句。

首先，我们找到原句中的形容词"懂事"。接下来，我们换一个形容词，如"叛逆"，可以这样进行改写："叛逆的孩子，只是不懂表达罢了，只是习惯了用叛逆的行为吸引家长的目光，习惯了这种以微弱的力量为自己抗争。叛逆的孩子，也只是个孩子而已。"

此外，针对这句话我们还可以替换主语。原句中的主语是"孩子"，如果我们把主语换成爸爸或者妈妈，就可以这样进行改写："强势的妈妈，只是不懂温柔地表达爱罢了，只是习惯了'冲锋陷阵'，适应了别人眼中她是金刚不坏之躯。强势的妈妈，内心也只是个弱小的女孩而已。"

作为初学写作者，如果我们暂时写不出让人眼前一亮的金句，则可以采用上面提到的这些金句仿写方法，为自己的文章增加亮点。要想熟练掌握这些方法，就要在平时多进行仿写练习。

调整结构，写出精华

除了引用和改写别人的金句，我们还可以对自己写的句子进行打磨，使之成为独一无二的金句。金句一般读起来朗朗上口，在写文章时，我们可以仿照一些金句的句式结构，把自己写的句子打磨成朗朗上口的金句。一般来说，常见的金句有以下几种结构（见图 4.2）。

图 4.2 常见金句结构

对比

句子的前后部分有差异明显的词语，给人以强烈的冲击感。例如，下面这句话就运用了对比。

- 生活在阴沟里，依然有仰望星空的权利。（出自王尔德）

转折

前半句为因，后半句为果，并且结果出人意料。例如，下面这句话就运用了转折。

- 我用尽了全力，过着平凡的一生。（出自《月亮与六便士》）

重复

在句子中重复使用某个字或词语，以加深读者的印象。例如，下面这句话就运用了重复。

- 我来不及认真地年轻，待明白过来时，只能选择认真地老去。（出自三毛）

排比

连用三个及以上相同结构的短语或句子以加强气势和深化句子的含义。例如，下面这句话就运用了排比。

- 保持身体健康的唯一办法，就是吃点你不想吃的，喝点你不想喝的，以及做点你不愿做的事情。（出自马克·吐温）

当我们完成初稿后，就可以运用上面常见的几种句式结构，对文章中表述观点的那部分内容进行提炼和调整，这样慢慢地就能写出属于自己的金句了。

需要注意的一点是，对一篇爆款文章来说金句很重要，但金句在精不在多。在一篇文章中，每个部分里有一两句金句就能起到画龙点睛的作用。

至于是将金句放在文章的开头以快速吸引读者的注意；还是放在中间当作过渡，或者结合故事引发读者的共鸣；抑或放在结尾以促使读者主动转发，由写作者自己决定，但要注意整篇文章的层次感，使读者有读下去的欲望。

金句模板

下面是我们总结和提炼出的可直接套用的一些金句模板，初学写作者可以在日常写作中进行练习。你可以根据自己所写文章的主题提炼出关键词，再将关键词代入金句模板中，每天坚持练习1～3句，慢慢地就能写出令人惊艳的金句了。

1.……的不幸，恰恰在于缺乏……的能力。

2. 真正的……不是……而是……

3. 大多数的……只是……仅此而已。

4.……的本质是……

5.……的一切……本质上都是……

6.……只有……是不够的……还应当有……

7. 你知道什么是……的诀窍吗？那就是永远只……

8. 有的……一下子……有的……很久也……

9. 只有那些知道……的……才是最有……的……

10.……没有……而这正是……的……

11.……除了……一无所有。

12.……必须像……既……又……

13. 即使……依然……

14. ……的误区：只……没有……

15. ……要做的……由……决定。

16. 决定……是……的，不是……而是……

17. ……与……之间的差异即在于……的不同。

18. 总之……然而值得……

19. 深谙……却不……才是最……

20. 凡是不能……的，最终都会……

21. 所谓……也是……

22. ……会……但……不会……

23. 这世上所有的……都是因为……

24. 抱怨……不如……

25. ……若是有……那……一定是……

26. 只有经历过……的……才能练就……的……

27. 最……的……不是……是……

28. ……不曾……直到……

29. ……就像……虽然……却永远……

30. 与其……不如去……

31. 有些……背后是……

32. 对……来说，跟……没什么两样。

33. 要么就……要么就……没有所谓的……

34. ……的问题主要在于，……不多而……太多。

35. ……需要的……不是……而是……

36. 纵然……也不要……因为……

第 五 章

写好细分领域的技巧

就目前而言，新媒体文章主要包情感类文章、励志类文章、职场类文章、亲子类文章等，每一个细分领域各有不同。作为初学写作者，建议选择其中一个细分领域进行尝试写作，待完全熟悉掌握之后再尝试另一个细分领域。本章我们将介绍不同文体的写作方法，从而让你的写作更有针对性。

情感类文章要充分调动读者的情绪

什么是情感类文章呢？ 情感类文章就是讲述婚姻、爱情、亲情、友情的文章，用情感打动读者，写作者通过描写生活中的感人片段或故事，触摸读者内心深处最柔软的部分。因此，情感类文章的关键词是"情"。

那么，如何充分调动读者的情绪，写好情感类文章呢？我们可以从以下几个方面入手。

找出读者的痛点和关注的焦点

每个人都体验过喜、怒、哀、乐这四种基本情绪，每一种情绪背后都有当事人的痛楚、焦虑或在意的东西。当你写的文章的某句话或某个故事触动了读者内心最真实、最敏感的部分时，就会像蝴蝶效应一样，在读者的潜意识里引发一场海啸或地震。在写情感类文章时，我们要找到那些能触动读者的点。那么，如何找到读者的痛点和关注的焦点呢？

抓住痛点

痛点，就是人们最在意、内心最柔软的地方。比如对夫妻而言，他们最在意的莫过于伴侣冷暴力、不负责、不担当。对于"宝妈"而言，她们最在意的莫过于有孩子之后没时间关注自己，容易变老、容易生气、容易变胖。此外，孩子不爱学习、叛逆不懂感恩也是"宝妈"的痛点。对于年轻人而言，如果你写的是爱情类文章，痛点是相恋多年分手、明明相爱却不能在一起等；如果是写友情类文章，痛点就是微信莫名被好友拉黑、被多年好友背叛、与好友渐行渐远等，这些都是能够戳中不同人群的痛点。我们在写文章的时候就要抓住这些痛点进行渲染，把读者的情绪调动起来。

关注的焦点

焦点就是人们关注的点。那么人们关注什么呢？从马斯洛的五大需求理论来看，基本可以反映出大众关注的方面（见图5.1）。

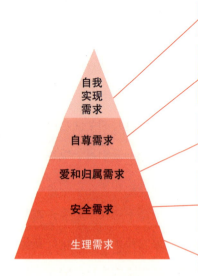

最高层次的需求，指个体希望最大限度地发挥自身潜能，不断完善自己

如自信、成就、被人尊重。这是一种更高级的需要，既包括尊重一个人（认为他有能力或有效率），以及做一些必要的事情赢得他人的尊重

包括友谊、家庭、亲密关系和联结感。一旦生理需求（或多或少）得到了满足，人类就需要与其他人建立关系，获得归属的感觉

如健康、工作、财富和社会稳定。如果你的安全需求得到了满足，说明你的身体很健康，有一份可以付得起房租的工作，生活在没有暴力和战争的地方

如衣、食、住、行。如果人们连这些需求都没有得到满足，就很难关注其他事情

图 5.1　马斯洛的五大需求理论

例如，对一些人来说，生理需求是他们现阶段关注的焦点，那么针对这类人群的情感类文章就要围绕衣、食、住、行这些基本生理需求来写，如下面几个例子。

• 没有面包的爱情，真的会长久吗？

- 因付不起礼金，相恋 8 年的男友提出了分手。
- 那些结婚不买房子的夫妻，后面怎么样了？

此外，我们还可以到各大门户网站、新浪微博或从新闻中寻找焦点问题，平时多留意大家都在看什么、关心什么，大家关心和留意的东西便属于焦点。

作为写作者，虽然要有揭开生活真相和直击人性的勇气，但只贩卖焦虑而不提供解决的办法，就不能吸引读者阅读和转发。所以，在文章中呈现完痛点和人们关注的焦点后，要给予读者实实在在的建议和方法，让读者对生活充满希望和期待。

充分发挥选题库的优势

在写文章时，有些初学写作者会先搜索素材，从素材中寻找自己想写的选题。与不停地找素材再从素材中定选题相比，我们不如利用拆解爆款文章建立起来的选题库，从中挑选一个自己想写的选题，再围绕这个选题找素材。

例如，在爆款选题库里有"分手见人品"这个选题，我们初步确定要写这个选题；然后就可以找有关恋爱、婚姻、友情的分手素材，再从中挑选出和选题紧密相关、具备差异性的素材；最后找一些名人素材来丰富文章的内容，增强文章的可读性。这样一来，一篇文章的成稿时间将大大缩短。

需要注意的是，在写情感类文章时，素材一定要"新、准、狠"。在素材的选用上要有优先级，首先是社会热点事件和问题；其次是电影；再次是名人轶事；最后是热播电视剧。素材越新越好，与所写文章的主题契合度越高越好，而且要直击读者的痛点。

说理要适当

在写新媒体文章时，写作者常常会遇到两个问题：一是在初学阶段有理说不出，二是上手后长篇大论地讲道理。有些写作者翻来覆去一直就写那几句话，明明有很多话要说却写不出来，为了凑字数而东拼西凑。下面我们以"原生家庭"这个选题为例，说明如何在情感类文章中说理。

说理一：每个人都有自己的原生家庭，为了避免原生家庭可能对孩子造成不良的影响，我们有义务做好自己，让孩子的童年成为治愈其一生的良药。

说理二：有一位心理学家曾说过，走出原生家庭对自己造成的不良影响的最关键因素是自己。确实如此，只有从心底凝聚力量和拥有坚定不移的意志才能减轻原生家庭可能对我们造成的不良影响。

利用恰当的名人名言和富有哲理的金句，再围绕这些句子写一下自己的看法和感想，写出的文章便会上一个台阶。

励志类文章要给人带来力量

在新媒体文章中，励志类文章特别受读者的欢迎。这是因为在现实生活中，"丧""焦虑""迷茫""负能量""抑郁""孤独"等字词语成为很多人的自我标签。尽管有人说"人间不值得"，但每个人的内心深处还是向往温暖、自信、爱与被爱、理解和幸福。一篇好的励志类文章能给读者带来满满的正能量。

在励志类文章中，读者可以看到处于困境的人如何变得更好，处于逆境的人如何逆袭，内向的人如何打造自己的竞争力，职场新人如何做出一番成就等。

作为写作者，当看到充满正能量的文字越来越多，内心也会感受到更多的温暖与善意，我们会因此变得积极向上，生活也会变得更好。此外，我们的状态也会对身边的人产生积极的影响。与写作变现相比，这样的良性循环才是励志类文章对写作者最好的滋养。那么如何写一篇高质量的励志类文章呢？

拆解爆款文章

对初学写作者而言，要想写一篇好的励志类文章，学会拆解爆款文章特别重要，只有先进行拆解，我们才能明白它们成为爆款的原因，也才能更顺利地成文。

下面以《你对生活微笑，生活便会对你微笑》一文为例，说明如何拆解文章。

整体拆解

标题：《你对生活微笑，生活便会对你微笑》。

选题切入点：与其抱怨，不如改变，心态积极才能真正解决问题。

结构：正反对比。

- 正：心态积极的人，生活会越来越好。

- 反：心态不好、喜欢抱怨的人，生活会越过越糟。

- 总结：没有一帆风顺的人生，只有乐观面对生活未来才会无限美好。

- 关键词：抱怨、怨天尤人、怨声载道、愁眉苦脸、困难、痛苦、艰难、生活、微笑、快乐、积极、心态、态度。

详细拆解

第一部分（正）：身边故事 + 评论。

- 身边故事：公司新来的实习生虽然家境贫苦，但每天都很积极、乐观，最后顺利通过试用期，而且大家都很喜欢她。

- 评论：每个人的生活都不容易，但是心态积极的人会勇于战胜困难、放大快乐，最后也会过上更好的生活。

第二部分（反）：身边故事 + 评论。

- 身边故事：楼上的邻居经常抱怨，生完孩子之后更是一发不可收拾，结果糟糕的情绪影响了生活和工作，被公司开除了，也因此影响了与丈夫的关系，夫妻俩最后以离婚收场。

- 评论：遇到困难就怨天尤人，只会让生活越来越糟。

第三部分（总结）：道理 1+ 道理 2+ 道理 3+ 总结 + 结尾（点题呼应）。

- 道理 1：每个人的生活都不容易，我们不能阻止困难的到来，但可以选择如何面对。

- 道理 2：摔倒后能重新站起来的人，都是能咬牙坚持、微笑前行的人。

- 道理 3：生活如照镜子，我们用怎样的目光，就会看到怎样的生活。

- 总结：迷茫的人只会抱怨，而活得透彻的人却在微笑。

- 结尾（点题呼应）：你对生活微笑，生活便会对你微笑。

文中金句

- 困难从不善良，你越示弱，它越猖狂。（第一部分结尾）

- 每一个微笑的背后，可能都有一个咬紧牙关的灵魂。（第二部分结尾）

- 我们看到的光鲜，背后都有不为人知的艰难。（第二部分结尾）

- 以微笑面对生活的人，终究会被生活温柔以待。（第二部分结尾）

- 生活如照镜子，我们用怎样的目光，就会看到怎样的生活。
（第三部分结尾）
- 你对生活微笑，生活便会对你微笑。（文章结尾）

研究常规选题

简单来说，励志类文章要符合社会主流价值观，对此我们可以先研究那些具有正能量和发挥积极作用的人、事、物。下面我们以"社会主义核心价值观"为例，讲一下如何写常规选题。

富强、民主、文明、和谐、自由、平等

公正、法治，爱国、敬业、诚信、友善

虽然社会主义核心价值观只有 24 个字，但我们可以从中扩展出很多受大众欢迎的励志类文章的选题。我们以"富强"这个关键词为例，首先我们可以通过拆解字义法进行延伸："富"意味着拥有良好的物质基础，"强"意味着各方面的能力很突出；然后我们通过目标倒推法继续进行延伸，要想做到上述两点：第一，我们需要努力改善自己的生活；第二，我们要不断学习各种技能，包括保持身心强壮。"努力""不断学习""保持身心强壮"正是励志类文章中常见的选题。

然后，我们可以通过关键词联想法继续进行延伸。

- 努力——在哪些方面努力、如何努力、努力会带来什么结果等。
- 不断学习——怎么学习、怎样保持不断学习、如何让学习的效果更好等。
- 保持身心强壮——怎样保持身体强壮、如何拥有自信、身心强壮的好处等。

除了从主流价值观中拓展选题之外，我们还可以从常见的关键词入手，对关键词进行拓展，从而找出励志类文章的选题。

以"自律"这个关键词为例，我们可以联想到身边那些自律的人有哪些生活习惯，由此可以延伸出：

- 早起——早起的人，到底有多赚；
- 坚持读书——读书，是对女人最好的滋养。

又如"格局"这个关键词，我们可以联系生活中哪些方面能反映出一个人的格局，由此可以延伸出：

- 不怕吃亏——怕吃亏的人，都走不远；
- 心眼小——看不得别人好，是一种病。

在确定励志类文章的选题之后，我们就要确定文章的结构，即列提纲。励志类文章的结构及提纲的列法与其他新媒体文章类似，这里就不再重复介绍了。

职场类文章的写作技巧

职场类文章，顾名思义就是与职场有关的文章。从内容上看，职场类文章可以分为职场分享文章、职场干货文章和职场观点文章。职场分享文章要接地气，反映写作者在工作中的真实状况，表达真情实感，拉近和读者之间的距离；职场干货文章要干货满满，可操作性强；而职场观点文章的观点要新颖。要想写出一篇优质的职场类文章，同样离不开选题、结构、提纲、故事。

选题策划

在策划职场类文章的选题时，我们一定要考虑以下三个方面。

一是选题的受众面是否足够广。假如我们写的职场类文章的受众是企业领导，那么受众面太窄，毕竟在职场中普通职员占大多数。

二是选题是否是职场人士最关心的内容。职场人士最关心的话题都与自身密不可分，如薪资、加班、同事关系、上下级关系等。

三是选题是否新颖和独特。虽然我们在写作时要找职场人士最关注的内容，但如果某个选题已经被写过无数次，读者只看标题就知道文章的内容，那么我们就要避开这样的选题，而要找一些新颖和独特的选题。

在职场类文章的观点的选取上，我们同样可以按照马斯洛的五大需求层次理论来进行选择。

- 生理需求：拿什么拯救职场人的睡眠。

- 安全需求：42 岁被辞退，你以为的捷径正在慢慢地拖垮你。
- 爱和归属需求：每天应酬心力交瘁？你以为的真人脉其实是假社交。
- 自尊需求：职场潜规则，只有强者才能赢得他人尊重。
- 自我实现需求：把爱好变成事业，到底有多幸福。

定结构，列提纲

当我们确定了选题之后，接下来就要明确文章的结构。职场类文章最常见的写作结构是并列式和递进式。并列式比较简单，在这里不再举例。下面我们通过一个案例讲解一下递进式结构在写职场类文章中的具体应用。

标题：每天应酬心力交瘁？你以为的真应酬其实是假社交。

结构：递进式。

正文：

- 第一部分——列举职场新人每天忙于无效社交的案例；

- 第二部分——引用其他案例（综艺节目、影视剧或社会案例）说明每天忙于无效社交的危害（如时间没了、钱也花了，到头来却没获取真正的人际资源，竹篮打水一场空）；

- 第三部分——通过案例说明与其花那么多时间进行无效社交，不如用来提升自己的实力，只有自己变强大了，才会得到真正的人际资源；

- 第四部分——总结升华。

把观点写得淋漓尽致

在一篇文章中，要想把观点写得淋漓尽致，最有效的方法是通过故事层层推进，让故事为观点发声。

例如,《年轻人搞副业到底有多野:月薪3000,北京三套房》一文就通过讲故事的方法,层层推进说明发展副业的必要性。

- 第一部分——通过分享身边一位朋友通过做微商从而发生由内而外的改变的案例并提出观点。
- 第二部分——通过列举"90后""00后"及某位创始人的案例说明做副业的意义,副业可以让自己的人生多一种可能,也让人生充满惊喜。
- 第三部分——通过列举名人案例说明做副业需要专注和专业。
- 第四部分——说明"PlanB思维"的可借鉴性,然后给想做副业的人一些建议。

通过分析我们可以发现,文章标题中的"副业"具有很强的话题性。除了选题好,文章的逻辑也比较清晰:通过身边案例引出观点 + 用代表性的案例说明做副业的意义 + 做副业需要具备的能力＋做副业应有的态度。除此之外，这篇文章的写作者还善于借助有代表性的故事来阐明自己的观点，这些都是我们在写文章时值得借鉴的地方。

职场类文章的受众是职场人士，因此我们在写文章的时候不论是语言还是案例都要契合职场人士的特点和需求，以小切口讲述大道理，更能够获得职场人士的喜爱。

与众不同的亲子类文章

亲子类文章的内容主要涉及科学育儿、育儿心得、育儿感悟、教育方法分享、亲子关系等。从内容上看，亲子类文章主要分为科普类亲子文章、情感类亲子文章、观点类亲子文章、教育类亲子文章等。对写作者来说，写好亲子类文章不仅能育儿先育己，同时还能获得一定的稿酬，可以说两全其美。那么如何写出高质量的亲子类文章呢？

结合受众明确内容特点

在新媒体时代，我们写文章的前提是要了解文章的读者是谁，只有把握好这一点，才能写出读者喜欢看并且对他们有帮助的好文章。在写亲子类文章时，我们首先要考虑读者希望看到哪些内容，然后再按照前文介绍的步骤来写。

选题

当孩子处于不同阶段时，父母关注的内容不一样，在策划文章的选题时，我们要掌握不同年龄阶段儿童的特点及其父母关注的内容。例如，针对 0 ~ 3 岁的孩子，父母主要关注孩子的饮食、安全、成长发育、早教等。因此，在写亲子类文章的时候，我们要结合自身的写作定位，并根据不同年龄阶段孩子的父母关注的内容来写。

语言风格

亲子类文章的读者是广大父母，并且他们大多想从文章中获得一些解决问题的方法，如果文章的语言太过犀利或者一味地批评、说教，可能会引起他们的反感。因此，亲子类文章的语言风格除了客观、理性外，更要注重给人一种温暖的感觉，以拉近和读者之间的距离。

行文

写作者应考虑到很多人的生活很忙碌，尤其是有了孩子之后，大家一般都是利用碎片化的时间看一些消息或文章，或者在遇到问题时从网上搜索解决方法。这就意味着我们在写亲子类文章时切忌写一堆大道理，而是要用生动的故事和简单明了的道理说服读者，并提供一些切实可行的方法，因为道理很多人都懂，重要的是如何做。

把握亲子类文章的写作要点

选题要小，格局要大

要想写一篇高质量的亲子类文章，选题至关重要。和热点新闻或事件相比，日常生活中的事更容易打动读者。但由于生活中的事很常见，很多初学写作者在描述时容易写得很平淡或代入感太强等。因此，如果我们的选题是生活中的小事，就要注意从细节、痛点入手以引发读者的共鸣，做到"小选题、大格局"。例如，在《"妈妈，我不想学了"，你的回答可能改变孩子一生》一文中，写作者就通过描写日常生活中的一件小事引出文章的主题：当孩子不想上学时，父母的回答至关重要。

观点深刻，内容有料

在把握时效性的基础上，将热点新闻或事件作为文章主题的切入点，文章的阅读量就会上升。但是，要想写出一篇高质量的热点亲子类文章，我们必须做到观点深刻、内容有料。

观点深刻。每一个热点新闻或事件发生时，都会引发广大网友的热评。作为写作者，我们不能人云亦云，而是要探索热点新闻或事件背后的真相和意义，提出对家长或孩子实用的建议。

内容有料。正面的热点新闻或事件可以给读者带来正能量，我们可以分析其中的根本原因并鼓励大家学习和效仿；而负面的热点新闻或事件则可以作为负面案例，提醒读者引以为戒。

寻找共通话题，引发家长共鸣

共通话题就是父母们都关心的问题。例如，辅导作业、"二孩"妈妈、爸爸带娃等，对大部分父母来说，这些都是共通的话题。

对于"养孩子要花很多钱"这个话题，大部分父母都深有感触。例如，《生娃后，我终于过上了"挥金如土"的生活》一文就以"再穷不能穷孩子"为主题，从不同的维度以"自嘲"的口吻描写现代家长的不容易，从而引发了读者的共鸣。下面是这篇文章的主要内容。

- 饮食：没生孩子前，"只买对的，不买贵的"；有了孩子后，变成"孩子想要啥就买啥"。
- 购物：给自己买东西，货比三家还嫌贵；给孩子买东西，价钱排在最末位。
- 教育：即使家长的薪资不高，也愿意给孩子报课外班。

- 娱乐：一到周末，孩子花钱猛如虎，账单长得捂不住。
- 总结：可怜天下父母心，给孩子报最贵的班，家长可以穿最便宜的衫、加最狠的班、参最便宜的团。

内容严谨，方法科学

很多父母在看完亲子类文章后会反思自己对孩子的态度和行为，也会尝试文章中给出的方法和建议，所以在写亲子类文章时，写作者一定要注意表达的严谨性且方法要有科学依据。

例如，我们在表达观点或讲述道理时，可以适当引用心理学、教育学等领域的研究数据和结果，让自己的文章具有一定的专业性，这样读者才能信服。要想做到这一点，写作者就需要不断地学习，提升自己的能力。

第三部分

结尾升华

第 ⑥ 章

写好结尾

心理学家丹尼尔·卡尼曼提出过一个理论：人们对一段体验的评价源自两个方面：一是高峰，二是结束时刻。这就是"峰终定律"。

也就是说，一件事在高峰和结束时，人们对它的记忆会更深刻。"峰终定律"在日常生活的方方面面都有体现。例如，在看电影的时候，我们对其中最令人感动的场景记忆尤为深刻；此外，结局也是让人对某部电影记忆深刻的原因。我们在看文章的时候也会有这样的体验，看到文章中精彩的案例和语句会特别有感触，如果结尾有一些触动人心的语句则会忍不住多看几遍，这就是金句和好的结尾的作用。关于金句我们在前文中已经介绍过了，本章我们主要介绍如何写好结尾。常见的结尾分为以下几类（见图6.1）。

图 6.1 常见结尾分类

总结型结尾

总结型结尾就是对全文的内容进行总结，以便让读者快速回顾全文，掌握文章的精髓；或者用重申主题的方式再次强调文章的主题，从而让读者进一步明确文章的主题。下面我们通过案例了解一下什么是总结型结尾。

例如，《曾国藩：能吃天下第一等苦，方能做天下第一等人》一文的结尾是这样写的：

才干和成就不是凭空来的，而是通过吃苦换来的。

学习的苦让人成长，物质的苦让人专注，孤独的苦让人坚定。

吃得天下第一等苦，方能做天下第一等人。

这篇文章用学习的苦、物质的苦、孤独的苦说明吃得苦中苦才能成为人上人。在结尾处，写作者再次概括了这三种苦和吃得了这三种苦的意义，重申文章的主题"吃得天下第一等苦，方能做天下第一等人"。

再如，《〈亲爱的小孩〉大结局：爸爸，是你决定了妈妈的温度、家庭的幸福》一文的结尾是这样写的：

其实，妈妈的情绪就像一家人的"晴雨表"，妈妈快乐全家快乐，妈妈焦虑全家焦虑。

一个心情愉悦、情绪稳定的妈妈，是孩子一生的幸运，也是家庭最大的福气。

而一个有责任感、懂得担当的爸爸，是一个家庭幸福的基石，既可以治愈妻子的身心，也可以成为孩子最好的榜样。

这篇文章的主题是有责任感、懂担当的爸爸对家庭的重要性，作者在结尾再次重申了这一主题：一个有责任感且懂得担当的爸爸，是一个家庭幸福的基石，既可以治愈妻子的身心，也可以成为孩子最好的榜样。

那么，初学写作者怎样才能写好总结型结尾呢？

提取中心观点。在写结尾时，先讲一个小故事或者进行说理，然后用简短的解释性语句对全文进行总结。在总结的时候我们要注意围绕读者最关心的痛点进行总结，既可以用对比的方式，也可以用层层推进的方式。

明确并重申观点。在文章的结尾重申观点的时候，语句一定要明确、精炼。表达中心观点的关键字词一定要出现在结尾中，这样既做到直接点题，又实现首尾呼应。

金句型结尾

金句型结尾就是写作者用名言或朗朗上口的句子进行结尾，这种结尾能让读者眼前一亮。这里为大家介绍两种金句型结尾。

直接引用名言型金句

在文章《一个人的认知里，藏着他读过的书》的结尾，写作者引用了哲学家黑塞的一句话：

世界上任何书籍都不能给你带来好运，但它们能让你成为更好的自己。

这篇文章的主题是读书对一个人的认知产生的影响，因此写作者在最后引用上述话语进行结尾，从而说明读书不仅能够带来好运，还能让你成为更好的自己，用金句再次点题。

原创型金句

原创型金句就是写作者用递进、对比、排比等形式自己撰写金句，从而引发读者的共鸣。在文章《人过四十最好的活法：物质低配，思维高配，心态顶配》的结尾，写作者写道：

人到中年，不滞于物，不怠于思，不困于心。

这篇文章的主题是人过了四十岁最好的活法是物质低配、思维高配、心态顶配。在结尾处，写作者用一句金句对文章的主题再次进行了强调：不滞于物，不怠于思，不困于心。"三个不"凝练度高，让人看过就能记住。

那么，金句型结尾应该怎么写呢？

平时注意收集名人名言。很多文章的结尾都直接引用名人名言，因此，平时我们要注意收集一些名人名言。如何收集名人名言呢？一是在平时看书或浏览文章时将看到的名人名言收藏在笔记软件中，二是将名人名言根据主题进行分类，这样在写结尾时就能随时查找和使用。

引用的时候要契合文章的主题。在指导学员写作的过程中，我们经常发现生搬硬套金句或名人名言的情况。如果这些句子和文章主题的联系并不密切，不能直接表达写作者想表达的意思，那么再好的金句或名人名言也不适合作为结尾。在运用金句或名人名言作为结尾的时候，如果素材库里没有契合文章主题的句子，我们可以在"句读""句子控""纸条""得言"等软件中有针对性地进行查找，找到契合主题的句子之后再加以引用。

仿写。在前文中我们介绍了金句的撰写方法。在文章的结尾使用金句的方法与之类似。

- 不经常加班，如何养你？经常加班，如何陪你？（矛盾）

- 美丽的人各有相似，丑陋的人各有不同。（对比）

- 你弱的时候，坏人漫山遍野；你穷的时候，破事逆流成河。
  （行为 + 结果）

- 我回你微信是秒回，你回我微信是轮回。（递进）

我们可以套用在前文中讲述的常见金句的结构，根据所写文章的主题在结尾处进行仿写。

期望型结尾

期望型结尾就是写作者在文章的结尾表达美好的祝愿，让读者看到之后内心感到温暖和充满力量。例如，作家刘瑜在《愿你慢慢长大》一文就使用了期待型结尾：

小布谷，愿你慢慢长大。愿你有好运气，如果没有，愿你在不幸中学会慈悲。愿你被很多人爱，如果没有，愿你在寂寞中学会宽容。愿你一生一世每天都可以睡到自然醒。

我们在写新媒体文章时也可以使用期望型结尾，例如，《惊人的"煤气灯效应"：不停消耗你的人，关系再好，也要远离》一文的结尾是这样写的：

与人交往需要衡量，更需要智慧，愿你在前行路上看清他人、做好自己。

这篇文章围绕"亲近的人在心理上虐待我们，让我们的内心遍体鳞伤"这一现象展开。在结尾处，写作者提出了希望：愿你在前行路上看清他人、做好自己。

作为初学写作者，在写期望型结尾时要注意以下几点。

语气要温暖。期望型结尾一般是写作者在揭露了某个负面的社会现象之后，希望某一群体能够往好的方面发展。由于文章揭露的社会现象是负面的，有时甚至很残酷，所以在结尾处我们要用温暖的语气，采用对话的方式或者以第三人称的方式表达自己的希望和祝愿。

用词要美好。用词要美好，让人心生向往。当读者被写作者所描绘的场景吸引时，他们就会被打动，进而转发或收藏文章。初学写作者可以在平时收集一些充满期望的语句，在写文章的时候先进行模仿，不断提升自己的写作水平。

要鼓舞人行动。期望型结尾还要给人以力量，鼓励人们行动。写作者不仅要送出祝福，而且要鼓励读者积极行动起来以实现这些祝愿。

呼吁型结尾

呼吁型结尾就是写作者通过揭露一个社会现象，进而得出一个结论，在结尾时呼吁某个群体怎么去做，从而达到升华文章主题的作用。例如，《我的 6 个姐妹，4 个已离婚，还有一个正在和丈夫闹分居》一文的结尾是这样写的：

你不必活得完美，但要尽量活得坦诚。

不要把"苦"字刻在脸上，要把"勇"字刻在心口。

没有人能够定义你，你的人生由你自己的伤疤和荣耀书写。

在这篇文章中，写作者通过案例揭露了女性焦虑的真相，有些女性因为过于追求完美，所以感觉很累。写作者在文章的结尾呼吁女性："你不必活得完美，但要尽量活得坦诚，没有人能够定义你，你的人生由你自己的伤疤和荣耀书写。"

针对呼吁型结尾具体应该怎么写，在这里我们给初学写作者两个建议。

说明呼吁的原因。一般而言，在呼吁之前要写明呼吁的原因或者写明错误做法引发的危害。有了这些铺垫我们在写呼吁的时候才不会显得突兀。

直接指明行动方向。在呼吁的时候，要直接指明行动方向，告诉读者应该怎么去做，并说明这样做的理由。读者在知道行动方向之后，付诸行动的可能性就更大。

第 七 章

好文章是改出来的

常言道，好文章不是写出来，而是改出来的。曹雪芹写《红楼梦》时，批阅十载，增删五次，就如他自己所说，"字字看来都是血，十年辛苦不寻常"。钱钟书写《围城》时，也是多次修改，无论典故、修辞手法、结构调整，还是外语的音译等，内容修改变动多达上千处。

对写作者来说，写完一篇初稿后，一定要沉下心来反复打磨文稿，只有这样才能完成一篇好作品，这样做既是对自己负责，也是对读者负责。

正如列夫·托尔斯泰所说："不要急于写作，不要讨厌修改，而要把同一篇东西改写十遍、二十遍。"

十分的文章，三分靠写，七分靠改。对初学写作者而言，修改初稿时既要以专业审稿人的眼光对创作的内容进行审核，又要以写作者的身份进行相应的修改。更重要的是，要站在读者的立场去感受文章的内容。

这种来来回回的修改对写作者来说是一种考验，也是提升写作能力必经的一个过程。下面我们就来看看如何修改初稿，以打磨出一篇好文章（见图 7.1）。

图 7.1　修改初稿的流程

斟酌标题

大标题

标题的重要性不言而喻，取标题的方法我们在前文中已经讲过。写完文章后，我们要再次优化标题，主要是看一看当初定下的标题与后来所写的内容是否相符。

在写作的过程中，经常会出现内容与标题不符的情况。如果出现这种情况，并且文章的整体内容没有问题，那么我们可以改一下标题。

例如，在我们的写作社群里，有一位写作者将初稿的题目定为《妈妈带儿子看心理医生，原来"有病"的是自己：过度约束，只会让孩子离你越来越远》。由于文章的题目直接将"过度约束"

这一主题写了出来，读者看到标题就知道文章的主要内容，点进去阅读的欲望也就没有了。结合这篇文章的内容，我们对这个标题进行了优化，改为《妈妈带儿子看心理医生，结果发现有病的是自己：这个育儿知识点，99% 的家长都忘了》。这样一来，读者就会感到好奇：为什么妈妈要带儿子去看心理医生？这个重要的育儿知识点究竟是什么？我是否属于那 99% 的家长？

虽然我们只对文章的标题做了小小的修改，却瞬间激发了读者的好奇心，让读者一看到题目就想点进去阅读。

小标题

为了让读者在阅读文章时能够更加清晰地知道我们想要表达的观点，最好每一部分都取一个小标题，每一部分的内容在阐述小标题的同时也完成了对整篇文章主题的阐述和升华。

例如,《"离婚后,还是觉得前妻好":好的婚姻,男人一定会做这三件事》一文就分为四个部分。

- 第一部分:通过一个热点新闻告诉大家,为什么"离婚后,还是觉得前妻好",同时引出整篇文章的主题,即好的婚姻,一定是丈夫学会用心珍惜;至于如何珍惜,就是接下来要讲的内容,也就是一定要会做的三件事。
- 第二部分(即第一件事):看见妻子的付出,是婚姻幸福的前提。
- 第三部分(即第二件事):包容而非指责,是夫妻关系的润滑剂。
- 第四部分(即第三件事):承担生活的琐碎,是男人最高级的魅力。

在修改初稿阶段,不管是取小标题还是优化小标题,都要注意每个小标题要相互独立。我们一起看看下面两个例子。

《"普通人努力还有什么意义？"这是我听过最好的回答》一文的小标题如下：

- 小标题 1——努力是为了让家人过上更好的生活；
- 小标题 2——努力是为了获得更开阔的视野；
- 小标题 3——努力是唯一翻盘的机会；
- 小标题 4——努力是为了实现相对自由。

《这三种父母，最容易把孩子养成仇人》一文的小标题如下：

- 小标题 1——溺爱孩子的父母，是破坏亲子关系的毒药；
- 小标题 2——喜欢说教的父母，是破坏亲子关系的杀手；
- 小标题 3——情绪不稳定的父母，是破坏亲子关系的根源。

梳理结构

整体结构

虽然在开始写作之前我们已经列好了提纲，但很多初学写作者在实际写作的过程中容易出现临时发挥的现象，以致初稿与当初的提纲相差甚远。

结合前文讲述的内容，我们需要再仔细阅读一遍自己写的文章，看看文章的整体结构是否存在以下问题。

- 是否突出且只突出一个主题？
- 并列式结构的分论点是否有交叉或重复？
- 递进式结构的原因、危害或意义部分的分析是否深入或重复？

- 递进式结构的方法论是否重复和具有实操性？
- 文章的内容结构是否需要调整，即每一部分的逻辑顺序是否有问题？

部分结构

检查完文章的整体结构后，我们还要对每一部分的结构进行检查。我们要注意文章中是否有以下内容，如果没有，就要及时加上。

- 是否有适量的素材、案例？
- 案例之后是否有相应的总结内容？
- 每一部分是否有写作者的观点？
- 每一部分的开头及结尾是否有衔接、过渡或总结的内容？
- 是否有金句、专业理论、研究数据作支撑？

把握内容

在调整完文章的整体结构后，接下来我们要对文章的具体内容进行修改。我们可以从以下三个方面对文章内容进行修改。

素材

在检查所写文章中的素材时，我们要注意以下几点。

新旧程度。即使是结合热点新闻或事件的文章，也是以常规文章的形式出现。所以，除了文章开头的素材是新的，很多人在写后面的内容时，难免会用别人写过的案例，所以判断素材的新旧程度很关键。这里的新旧程度是指这个素材是否经常出现在各类文章中，如果读者经常看到这个案例，你再"炒冷饭"就没有什么新意了。这个时候积累素材的重要性就体现出来了。

是否紧扣主题。很多时候，我们选择的素材看起来和主题有关，但真正放在文章中时却没有体现出与主题的关系。所以在检查文章的内容时，我们要着重看一下自己描写的素材能否自然而然地引出文章的主题，并将与主题无关的内容删除。

类型配比。一篇文章中所用素材的类型不要过于单一，也就是说，身边的案例、名人的案例、网络上的案例、书中的案例等最好交叉呈现。

论述

在检查初稿中的论述时，我们需要特别注意以下几点。

案例前后的论述。在讲述完案例后要有相应的总结，让读者知道我们为什么写这个案例。最重要的是，无论评价还是总结，都要结合文章的主题并站在读者的角度进行表述，尽量避免用"我认为""我觉得"这样的字眼。

案例、段落之间的论述。在一篇文章中，如果案例与案例之间没有论述作为过渡，就会变成案例的堆砌；如果段落与段落之间没有承上启下的过渡句，就容易给人一种东一榔头西一棒的感觉。

结尾部分的论述。"文章没有结尾"看起来像一句笑话，但这恰恰是很多初学写作者容易入的"坑"。例如，很多写作者在写完方法、给出建议后，文章就结束了。所以，我们一定要注意检查自己写的文章有没有结尾，有没有对整篇文章进行总结，并通过结尾的论述升华文章的主题。

文字

这里所说的文字是指我们所写文章中的字、词、句，对此我们需要注意以下几点。

多字、漏字、错别字。在写完初稿后，我们要大声朗读几遍。在朗读的过程中，我们可能会发现文章中的多字、漏字或错别字等明显的错误。

病句。在新媒体时代，很多人写文章很随意，甚至病句频出。虽然读者可能不会认真思考一篇文章背后的逻辑、结构等，但写作者的文字水平却能给他们留下最直观的印象。针对这一点，大家可以多阅读文学名著、名人佳作来提高自己的文字水平。

核对排版

字数

一篇新媒体文章的字数在 2500 字左右，这是为了让读者有一个良好的阅读体验，也是很多收稿平台基本的要求。结合文章的总体字数，我们可以倒推出一篇文章的每一部分的大概字数。

如果是并列式结构，即"开头 + 三个分论点 + 结尾"的结构，那么每一部分的字数大概是 500 字（开头）+600 字 ×3（三个分论点）+200 字（结尾）。其中，案例描述 300 字左右，观点论述部分 100 字左右，金句、数据分析或专业理论等 100 字左右。如果是递进式结构，方法部分的案例描述则要控制在 150 字左右。

当然，具体情况具体对待，初学写作者可以提前计划各个部分的字数，这样可以避免多写或少些的情况。

排版

这里所说的排版是指我们写完文章后，在 Word 文档中对文字进行的简单排版。

标题加粗，字号一般是二号或三号，即比正文的字号大一些；标题下面是写作者的名字或笔名。正文一般用小四号字、宋体、1.5倍行间距且段后空一行。

现在大家一般是在手机上浏览各类信息，为了保证阅读体验，很多文章在排版时是段首顶格，所以我们在写文章时，无须段前空两个字符。

一篇文章一般分为 3 ~ 5 个部分，每一部分的前面一般会加上 01、02、03、04 等序号。如果有小标题，就把小标题放在序号的后面。同时，每一部分要分好段落，每段 3 ~ 5 行，这样既能提升阅读体验，又便于排版。

写作变现

投稿变现：如何让稿件越来越值钱

近几年，新媒体的快速发展让写作这项技能变得更具实用性：如果你擅长新媒体写作，不仅能拿到丰厚的稿酬，还可以胜任多种新职业，或者找到收入不菲的兼职。从长远来看，通过创作内容，你可能会拥有一些读者和粉丝，这不仅可以提升个人的知名度，甚至可以打造个人品牌，收获长久的效益。

总之，写作变现对写作者来说可能不是唯一的目的，但却是对写作者写作能力的认可和肯定。下面我们介绍一种常见的投稿变现形式——公众号投稿。

什么是公众号投稿

对初学写作者来说，公众号投稿是写作变现最快的方式，具体的操作方法是写作者将自己所写的文章，通过邮件的形式发送到收稿平台提供的邮箱，或者添加编辑的微信将文档直接发给对方。平台收到投稿后会进行审核，如果审核通过，平台会联系写作者。

需要注意的是，既然平台为写作者支付稿酬，就会有相应的要求，最基本的要求有以下两点：一是投稿文章没有在其他平台发布过，二是确保文章是原创。

如何找到收稿的公众号

一般来说，可以投稿的平台都会在公众号的菜单栏里设置"投稿"选项，我们点击进去就会打开征稿链接；如果菜单栏里没有设置，我们可以在公众号的后台发送关键字，如"征稿""投稿"，如果该平台有这方面的需求，就会跳出有关的征稿链接和联系方式。此外，还有专门发布"征稿"信息的公众号，这类公众号会定时更新不同平台的征稿信息。还有一些公众号是编辑直接约稿，如果我们经常在某个平台上稿且文章质量不错，编辑就会主动找我们约稿。

初学写作者在前期可以先向小平台投稿，等写作能力和文章质量有一定的提升后再尝试向大平台投稿。写作是一项需要不断精进的技能，放平心态、不断学习才是写作者最应该关注的事。

公众号投稿的注意事项

了解公众号平台的需求和调性。不同的公众号有不同的需求，其基本要求一般体现在征稿函上。公众号平台的调性不会在征稿函上直接写出来，如果我们想要了解一个平台的调性，可以研究该平台往期发布的原创文章，数量是至少 10 ～ 20 篇，然后我们可以通过拆解文章的方式了解该平台收录的文章有哪些共同点。在了解了这些关键信息的基础上，我们所写的文章上稿的概率就会提高。

掌握正确的投稿方式。在文章定稿后，我们要把文章发送到投稿邮箱里等待审核，在发送投稿邮件时，有一些注意事项：

- 邮件及投稿文档的命名格式，如果是通过邮件投稿，发送邮件前要检查 Word 文档的命名是否正确，如"投稿＋姓名＋文章标题"；此外，还要在邮件的主题栏同样注明"投稿＋姓名＋文章标题"；

- 邮件中要备注自己的联系方式；
- 邮件正文的内容，一般来说，通过邮箱投稿是将 Word 文档以附件的形式发送到公众号的投稿邮箱，但也要查看公众号的征稿函里有没有提到"文章的正文内容需要同时复制并粘贴到邮件正文中"。

掌握正确的排版方式。要想文章能够快速通过审核，表面功夫要做好，也就是排版要美观。新媒体文章大多发表在公众号上，大家一般通过手机查看这些文章，所以在排版上需要注意几个细节：

- 段落行数最好控制在 3 ~ 4 行，长句可以简化成短句，长段可以拆分成 2 ~ 3 段；
- 图片要清晰，没有任何水印，图片大小和文字排版要协调；
- 小标题、金句加粗。

个人品牌变现：如何让写作成为终身事业

美国管理学家彼得斯曾说过，21 世纪的工作生存法则就是建立个人品牌，不仅企业、产品需要建立品牌，个人也需要建立个人品牌。

作为写作者，我们的写作变现道路在不断拓展，从一开始的写作投稿到后来的写作培训再到个人品牌变现，变现方式呈现出多样化的趋势。你也可以在写作能力达到一定水平之后，开始打造个人品牌，通过知识付费和写作咨询进行变现。下面我们为大家简单介绍一下如何通过打造个人写作品牌进行变现。

什么是个人品牌

个人品牌是个人的专业标签和影响力的体现，我们可以通过打造专业化的人设，提升个人魅力，从而得到受众的认可。如果你在某一方面有一定的技能，并且通过这些技能取得了一定的成绩，你想不想把这样的技能传授给其他人，让更多的人也和你一样走出困境？相信很多人是愿意的，这样既能帮助他人又能获取相应的报酬，何乐而不为呢？因此，打造个人品牌既有利于管理个人形象，又有利于变现。

打造个人品牌的四个步骤

第一步：进行精准定位。关于写作定位，除了我们在前文中介绍的情感类文章、励志类文章、职场类文章、亲子类文章外，还有文案，如商业文案、朋友圈文案等，此外还有拆书稿、故事等，这些都可以成为写作的方向。这里我们需要注意一点，就是个人品牌定位越细越好，因为这样更容易把这个领域吃透，当我们变得足够专业时，就会得到别人的认可。

第二步：取一个辨识度高的名字。名字是个人品牌的核心，一个好名字可以让用户快速认识并记住我们，从而给他们留下深刻的印象。起名字时我们要避开不常用的字、名字过长、汉字和英文结合等。那么，如何正确起名字呢？这里我们给大家介绍几种常见的起名字方法：一是姓名＋行业，如×××爱写作；二是直接秀职业，如文案老师×××；三是直接写本名或笔名。

第三步：优化标签和品牌故事。标签和品牌故事是个人品牌打造时的重中之重。个人标签主要包括你的专长、获得的证书和荣誉及你的影响力。除了个人标签外，一个好的品牌故事更容易打动读者，给人以力量。

第四步：多渠道提升个人品牌的影响力。打造个人品牌最主要的是要不断提升品牌影响力。在人们的注意力逐渐被"瓜分"的信息化社会，酒香也怕巷子深。在多渠道提升个人品牌的影响力方面，我们可以以微信朋友圈、社群、微信公众号、短视频私域平台为主阵地，以知乎、今日头条、小红书、豆瓣、简书等公域平台为流量入口。

常写常新的选题

励志类

- 人品
- 情商
- 朋友圈
- 格局
- 情绪
- 人生
- 梦想
- 坚持
- 放过自己

- 读书
- 低谷
- 素质
- 修养
- 底线
- 陪伴
- 做人
- 熬夜
- 自律

- 焦虑
- 生活
- 关系
- 选择
- 迎难而上
- 简单
- 善良
- 分寸感
- 改变
- 优秀
- 真正厉害的人
- 富养
- 人到中年
- 境界
- 热爱
- 成功
- 沉默

- 舒服
- 余生
- 处世
- 明白
- 久处不厌
- 深耕
- 烦恼
- 人格
- 成长
- 智慧
- 真相
- 人心
- 建议
- 打破
- 能力
- 运气
- 治愈

- 成全
- 不期而遇
- 看透不说透
- 幸福法则
- 断舍离
- 放下
- 迎合
- 放下
- 定律
- 受益
- 频率
- 辜负
- 不确定
- 增值
- 重逢
- 感恩
- 珍惜

- 不经一事不懂一人
- 强大
- 改变
- 不将就
- 减负
- 引导者
- 破局
- 价值
- 定律
- 遇见
- 温柔
- 看见
- 靠谱
- 圈子
- 答案
- 习惯
- 管理

新媒体写作的底层逻辑与关键技巧

- 本事
- 积极
- 尊重
- 心态
- 喝彩

- 人生不设限
- 超越
- 成年人
- 人生道理

情感类

- 婚姻
- 妈宝男
- 婆媳关系
- 直男
- 远嫁

- 怀孕
- 全职
- 真爱
- 爱情
- 离婚

亲子类

- 底线教育
- 性教育
- 生命教育

- 情商教育
- 控制
- 缺爱

- 富养
- 青春期
- 叛逆
- 焦虑
- 自律
- 坚持
- 财商
- 同理心
- 同情心
- 认知
- 自信
- 霸凌
- 原生家庭

- 教养
- 分寸感
- 挫折教育
- 即时 / 延迟满足
- 安全感
- 立规矩
- 规则教育
- 磨蹭
- 二孩
- 双减
- 压岁钱
- 语言暴力
- 想象力

育儿科普类

- 手足口病
- 脊柱侧弯

- 诺如病毒
- 近视

- 过敏
- 可怕的两岁
- 溺水
- 龋齿
- 长高
- 感统训练
- 性早熟
- 隐形盐
- 防晒
- 幼小衔接
- 纸尿裤
- 睡觉姿势
- 婴儿猝死综合征
- 寄生虫
- 睡眠

- 安全座椅
- 分房睡
- 张口呼吸
- 疫苗接种
- 充气城堡
- 玩具
- 儿童肥胖
- 光脚
- 洞洞鞋
- 分离焦虑
- 垃圾食品
- 幽门螺旋杆菌
- 流鼻血
- 断奶

职场类

- 离职
- 中年危机
- 内卷
- 赚钱
- 团队
- 管理者
- 工资
- 情绪

- 自我消耗
- 求职
- 汇报工作
- 工具人
- 面试
- 升职
- 欠薪
- 加薪